Streidl | Langeweile. 100 Seiten

*** Reclam 100 Seiten ***

BARBARA STREIDL, geboren 1972, ist Journalistin. Sie arbeitet u. a. für den Bayerischen Rundfunk und lebt mit Mann und Kindern in München.

Barbara Streidl

Langeweile. 100 Seiten

Reclam

2018 Philipp Reclam jun. Verlag GmbH,
Siemensstraße 32, 71254 Ditzingen
Umschlaggestaltung nach einem Konzept von zero-media.net
Infografik (S. 44 f.): Infographics Group GmbH
Bildnachweis: S. 15 Joe Doylem / Alamy Stock Photo;
S. 20 NadismClub.com event by Marcelo Bohrer; S. 64 ZUMA Press, Inc. / Alamy Stock Photo; S. 90 imago / ZUMA Press
Druck und Bindung: Canon Deutschland Business Services GmbH,
Siemensstraße 32, 71254 Ditzingen
Printed in Germany 2018
RECLAM ist eine eingetragene Marke
der Philipp Reclam jun. GmbH & Co. KG, Stuttgart
ISBN 978-3-15-020453-5

Auch als E-Book erhältlich

www.reclam.de

Für mehr Informationen zur 100-Seiten-Reihe:
www.reclam.de/100Seiten

Inhalt

Was ist Langeweile?

Von einem Grauschleier, der sich über alles legt,
zur Gefahr, an Langeweile zu sterben, über Pascals These vom
Bewegungsdrang bis hin zum Bus, der uns erlöst

»Ist dir das nicht langweilig, den ganzen Tag im Bett liegen?«

Diese Frage wurde mir im vergangenen Sommer ziemlich häufig gestellt: Ich war krank, so krank, dass ich knapp zwei Wochen in einer Klinik verbringen musste. Elf Tage, um genau zu sein.

Ich war an Meningitis erkrankt. Mein Glück war, dass die Hirnhautentzündung durch eine Virusinfektion ausgelöst wurde und nicht durch Bakterien, so stand ich nicht unter Quarantäne. Alle acht Stunden erhielt ich eine Infusion mit einem Virostatikum (das ist so etwas wie ein Antibiotikum, ein Stoff, der verhindert, dass sich die Viren weiter ausbreiten) und diverse Schmerzmittel: Wie Sie vielleicht wissen, ist Meningitis mit schrecklichen Kopfschmerzen verbunden.

Nach rund zwei Tagen nahm ich meine Umgebung wieder wahr: Ich lag in einem Einzelzimmer – Glück gehabt! – und hatte Besuch. Eine Freundin brachte mir einen Stapel Krimis von Wolf Haas und den neuen Roman von Juli Zeh. »Damit es dir nicht langweilig wird«, sagte sie.

Mir wurde nicht langweilig – ich habe die Langeweile sehr genossen.

Langeweile, was ist das eigentlich?

Umgangssprachlich gesehen ist Langeweile so eine Art Auffangbecken für alles, was uns nicht gefällt, stresst, auf die Nerven geht: Eine »langweilige Frisur« ist ein Haarschnitt, den viele andere auch tragen, der nicht besonders ist und im ungünstigsten Fall ein »Dutzendgesicht« nicht positiv herausragen lässt aus der Masse. Ein »langweiliges Gespräch« ist ein Smalltalk über Wetter, Kinderkrankheiten oder Probleme mit dem öffentlichen Nahverkehr, dessen Inhalt uns ebenso wenig interessiert wie die Meinung der Person, mit der wir uns austauschen. Ein »langweiliger Film« kommt mit einer vorhersehbaren Handlung, sperrig formulierten Dialogen und Überlänge daher.

Mit dieser Aufzählung könnte ich Sie noch länger langweilen – doch ich bin sicher, Sie wissen jetzt schon, was ich meine: Langeweile kann alles betreffen, sie ist wie ein grauer Schleier, der sich über Menschen, Tätigkeiten, Situationen und Dinge legen kann. Sogar über eigentlich wichtige Dinge, wie hier in *Grauschleier*, einem Lied der Fehlfarben, veröffentlicht 1980:

Ich habe das alles schon tausendmal gesehen
Ich kenne das Leben, bin im Kino gewesen
Und doch jedes Mal, wenn ich sie seh
Weiß ich nicht, wie es geh'n soll
Ich find nicht den Dreh

Es liegt ein Grauschleier über der Stadt
Den meine Mutter noch nicht weggewaschen hat

Die Geschichte ist langweilig, immer dasselbe
Die Bücher zum Thema sind auch nicht das Gelbe
Und will ich ihr dann mal was sagen
Dann fällt mir nichts ein
Nur leere Phrasen

Sie legt sich wie ein Grauschleier über die Stadt, über die Welt, über Sie und mich, die Langeweile, sie kommt manchmal langsam und schleichend wie der Nebel in einem Horrorfilm, manchmal schnell wie eine Lawine.

Erscheint uns dieser Grauschleier zwar auf den ersten Blick rein von der Stofflichkeit her durchlässig, gar flüchtig, wird er durch den klebrigen Kern, den alles Langweilige hat, zu einem Gefängnis: Wir bleiben haften an einem »Das bringt mich nicht weiter!« Der Langeweile zu entfliehen, geht auch nicht so leicht: Das hat vor allem damit zu tun, dass ich sehr schwer sagen kann, »Jetzt fange ich an, mich zu langweilen.« Langeweile überkommt einen Menschen eher, als dass er sie ruft. Sie muss ertragen werden, gleicht einem Zwang, ist etwas, das durchgestanden werden muss.

Der Grauschleier der Langeweile, der Menschen, Situationen, Sachen überzieht, ist eine subjektive Empfindung: Sie langweilen sich möglicherweise beim Lesen eines Donald-Duck-Hefts, ein Neunjähriger aber zieht daraus womöglich nicht nur Freude und Unterhaltung, sondern auch Entspannung. Es ist erstaunlich, dass gerade entspannende Tätigkeiten wie Dösen oder Tagträumen von vielen Menschen als langweilig empfunden werden. Einem Kind, das einem Tiger im Käfig gleich auf und ab geht und nach einer neuen Aufgabe, einer Herausforderung, Unterhaltung, Beschäftigung sucht, den Ratschlag zu geben, »Tagträume doch ein bisschen!«, wird

In Form dieser Kästen werden Sie im Folgenden immer wieder wissenschaftliche Hintergründe erfahren: Berichte über Studien, Erkenntnisse aus Untersuchungen – zusätzliche Hintergrundinformationen über die Art und Weise, wie und wo über Langeweile geforscht wird. Um Menschen, die sich Forschungsteams zur Verfügung stellen, in die richtige Stimmung zu bringen, hat zum Beispiel die Psychologin Colleen Merrifield an der University of Waterloo einen kleinen Film produziert: ein Video, das die meisten zu Tode langweilen soll (natürlich nur im übertragenden Sinne gemeint). Man sieht zwei Männer in einem weißen, fensterlosen Raum, einen älteren mit Stirnglatze im schwarzen Shirt, einen jüngeren dunkelhaarigen im weißen Poloshirt. Sie nehmen Kleidung von einem Stapel, der sich auf einem Wäscheständer befindet, und hängen sie auf: ein Jäckchen, ein Hemd, einen Pullover, eine Socke. Die Männer unterhalten sich dabei ein wenig, der eine fragt etwa den anderen nach Wäscheklammern. Die Männer hängen die Wäsche ziemlich langsam und umständlich auf, schütteln einzelne Stücke, bevor sie sie aufhängen, oder drehen sie von links auf rechts. Als Colleen Merrifield dieses Video dann in einer Untersuchung einsetzte, stellte sie fest, dass beide Männer die Probanden zwar langweilten – aber im Vergleich zu sternartigen Mustern, deren Auftauchen und Verschwinden auf einem Bildschirm zu beobachten waren, doch noch relativ interessant erschienen.

sicherlich die Antwort »Langweilig!!« provozieren. Den eigenen Gedanken ziellos nachhängen, wenn es gilt, einen Auftrag zu erfüllen, das funktioniert schlecht. Aber stellen Sie sich einen Erwachsenen vor, der alleine am Küchentisch vor einer mehr und mehr abkühlenden Tasse Instantkaffee sitzt und einfach vor sich hin denkt, ohne Plan, ohne System. Tagträumen gehört mit Sicherheit zur Langeweile-Familie, und wie Sie sehen, kann diese mal als angenehm und mal als unangenehm empfunden werden. Das ist typisch für die Langeweile: Die einen hassen sie, die anderen schöpfen aus ihr Kreativität.

Die Langeweile-Familie (Liste 1.1)

- etwas Unangenehmes
- eine Beschreibung von etwas, das nichts Besonderes ist
- ein »Grauschleier« wie im gleichnamigen Lied der Fehlfarben
- etwas, das mich nicht weiterbringt
- etwas, das ich nicht selbst gerufen habe
- etwas, das ich durchstehen muss
- eine unnütze Pflicht
- etwas, das nicht alle Menschen gleich empfinden
- etwas, das ziemlich lange dauert
- etwas, das Entspannung sein soll
- eine Art Gefängnis
- verwandt mit: Tagträumen
- verwandt mit: Dösen

Fortsetzung folgt

Eine Zeit ohne Prüfungen bedeutet Stillstand. Ich würde ungern mein Abitur noch einmal schreiben und Fragen zur Genstruktur der Fruchtfliege beantworten müssen. Aber geprüft und herausgefordert werden möchte ich jeden Tag aufs Neue.

Das hat Robert Habeck, Politiker, Schriftsteller und seit 2018 Bundesvorsitzender der Grünen in einem Interview gesagt, und ich habe lange darüber nachgedacht. Stillstand, so wie er ihn hier versteht, entspricht genau diesem klebrigen »Das-bringt-mich-nicht-weiter!«-Kern der Langeweile, der viele abschreckt.

Einen solchen Stillstand können wir uns leicht ausmalen: Ein Lehrprofessor, der seit Jahren dieselbe Vorlesung hält, dazu dieselben Folien auf schimmlig gewordenen Leinwänden zeigt, weil er entweder nichts Neues zu seinem Thema hinzufügen will oder kann. Aber empfindet er tatsächlich Stillstand? Oder empfinden diesen eher die Studierenden, die lieber auf ihren Laptops herumdrücken, statt ihm zuzuhören, wenn sie überhaupt noch in den Hörsaal kommen? Möglicherweise ist sein »Nicht-Weiterkommen« nur ein scheinbarer Stillstand – es ist ja denkbar, dass der Lehrprofessor seine neuen Erkenntnisse eventuell bloß nicht mit den Studierenden teilen möchte, weil es ihn zu viel Zeit kostet, Folien und Skript in regelmäßigen Abständen zu aktualisieren. Er könnte zur Begründung auf die Humboldtsche Forderung nach einer Einheit von Forschung und Lehre pochen – es ist kein Geheimnis, dass die universitäre Karriere an der Anzahl der Veröffentlichungen und nicht an der Güte von Vorlesungen hängt.

Klammer auf:

Empfindet Mick Jagger Stillstand, wenn er schon wieder *(I can't get no) Satisfaction* (der Song wurde bereits 1965 veröffentlicht!) auf der Riesenbühne eines Stadions singt? In einem Interview, das er 1995 dem US-amerikanischen Musikmagazin *Rolling Stone* gab, erklärte er, dass er sich anstrenge, die Strophe sanfter singe, melodisch, dem Ganzen Dynamik gebe. Damals war der Song 30 Jahre alt; Jagger fügte hinzu, dass die Rolling Stones den Song vielleicht nicht jede Nacht spielen sollten. Als die Band im Oktober 2017 drei Tage hintereinander in Nanterre in der U-Arena auftritt, hat sie jedes Mal eine etwas unterschiedliche Setlist, beginnt mal mit *Jumpin' Jack Flash*, mal mit *Sympathy for the Devil.* Auf Platz 20 der Songliste steht aber immer *(I can't get no) Satisfaction.*

Klammer zu.

Wie geht es der Friseurin, die schon wieder »nur die Spitzen« schneiden soll, zum sechsten Mal an diesem Tag, zum dreißigsten Mal in dieser Woche? Ich glaube, es ist gut, genau hinzusehen, ob überall dort, wo ein »Stillstand«-Stempel vor Langeweile warnt, nicht doch ein Körnchen Prüfung und Herausforderung stecken könnte.

Bei den meisten Erwachsenen gibt es keinen Platz für Langeweile, weil wir jedes Quantum Kraft und Zeit in ökonomisch messbare Werte umwandeln, die wir entweder auf die Karriere, die Haltbarkeit unserer Körper oder den Konsum, na gut, die Familie auch, einzahlen. Schließlich soll in unserer von Globalisierung und Digitalisierung angetriebenen Dienstleistungswirtschaft jede verbrauchte Sekunde lückenlos in einen Wert umgewandelt werden – und wo es keine Lücke mehr gibt, da gibt es auch keine Zeit für ein Verweilen, für Stillstand, für Nichtweitergebrachtwerden. Demnach wird gern all das als langweilig bezeichnet, was nicht in Geld, Besitz und Dividende umgewandelt werden kann.

Doch es geht noch schlimmer.

Vor ein paar Jahren wurde in einer britischen Studie die hässliche Fratze der Langeweile aufgedeckt: Für Erwerbstätige erhöht sich das Risiko eines Herzinfarkts, wenn bei der Arbeit

Ein Team der Abteilung Epidemiology and Public Health des University College in London hat in einer Langzeitstudie 7524 Beamte zwischen 35 und 55 Jahren beobachtet. Erstmals wurden die Beamten Mitte der Achtzigerjahre nach verschiedenen Stufen der Langeweile während ihrer Arbeitszeit befragt. Die, die sich besonders häufig langweilten, waren jüngere und weibliche Erwerbstätige, Menschen, die ihren eigenen Gesundheitszustand als schwach einstuften und zu deren Alltagsleben wenig sportliche Betätigungen gehörten. 25 Jahre später waren einige der Befragten, die angaben, mindestens 40 Prozent ihrer Arbeitszeit gelangweilt zu sein, bereits an den Folgen von Herzerkrankungen verstorben. Prof. Annie Britton und Martin Shipley aus dem Forschungsteam haben in ihrem Bericht über die Studie, *Bored to death – Zu Tode gelangweilt* –, einen klaren Zusammenhang zwischen frühem Tod und Langeweile im Job hergestellt: Zwar sterben die Menschen nicht an der Langeweile selbst, aber an deren Folgen, die häufig schlechte Angewohnheiten wie exzessives Trinken, Rauchen oder Drogenkonsum sind.

Langeweile verspürt wird, so das Ergebnis der Forschungsgruppe.

Sollte meine Hausärztin mich vor allzu großer Langeweile warnen? Ist Langeweile in falscher Dosierung eine ähnliche Todesursache wie das legale opiumhaltige Schmerzmittel Oxycodon, das in den USA pro Tag rund 150 Personen ums Leben bringt? Oder ist Langeweile viel mehr ein Indikator für, sagen wir mal, Probleme? Schließlich waren die Menschen in dieser britischen Langzeitstudie bei ihrer Arbeit gelangweilt, etwa von den Aufgaben, die sie zu erledigen hatten. Unter Umständen waren sie unterfordert. Überqualifiziert. Oder überfordert. Unterqualifiziert. Mit hoher Wahrscheinlichkeit ist ihre Langeweile eine Folge dieser Unter-Über-Forderung gewesen. Ein Warnsignal. Ein Schuss vor den Bug, wenn Sie wollen.

Am dritten Tag im Krankenhaus bekam ich eine Zimmernachbarin: Wir lächelten uns ab und zu an, sprachen aber kaum miteinander: Ich konnte kein Russisch, meine Nachbarin kein Deutsch. Ich hatte den Roman von Juli Zeh gerade ausgelesen und lauschte dem Klassikprogramm im Radio. Ob Sergej Rachmaninoff beim Komponieren seines Prélude in cis-Moll gerne das Klavier zertrümmert hätte? Schon die ersten drei Töne klingen wirklich extrem gewaltbereit.

Mir war nicht langweilig. »Na klar«, sagen Sie jetzt, »Sie waren doch auch viel zu krank dafür! Meningitis, Hirnhautentzündung!«

Das stimmt natürlich.

Trotzdem: Mir wurde nicht langweilig – ich habe die Langeweile sehr genossen. Diesen Satz lesen Sie jetzt schon zum zweiten Mal, und vielleicht finden Sie ihn widersprüchlich, deswegen möchte ich ihn erklären: Ich will Sie nicht langweilen mit der Wiederholung desselben Satzes. Ich möchte Sie aber darauf hinweisen, dass es mehrere Arten von Langeweile gibt – willkommene und verhasste, weit verbreitete und ziemlich exklusive. Was ich damit meine? Kommt noch.

Wir verstehen Langeweile als ein »Bringt mich nicht weiter«. Stillstand. Unproduktivsein. Nichtstun. Faulenzen. Und das passt nicht zu unserem Grundverständnis von menschlichem Leben, als einem in Bewegung befindlichen.

»Unsere Natur ist Bewegung, völlige Ruhe ist der Tod.« Das schrieb Blaise Pascal Mitte des 17. Jahrhunderts in seinen *Gedanken über die Religion und einige andere Gegenstände*, den bekannten *Pensées*. Pascal war Mathematiker, Schriftsteller und Philosoph – seine Überlegungen zur Langeweile gehören zu den ersten überhaupt zu diesem Thema: Vorher gab es entweder keine Langeweile, oder man schrieb nicht darüber.

Wenn Bewegungslosigkeit – wie Pascal das wohl meinte – Langeweile erzeugt, dann gehört Langeweile immer mal wieder zu den Leiden von Erwerbstätigen (siehe S. 8); permanent aber bestimmt sie das Leben von Gefängnisinsassen, von Alten und Arbeitslosen: Denn die meisten von ihnen haben nichts zu tun, können eben nichts bewegen, was in unserer Gesellschaft von Wert ist (dieser Wert wird zumeist mit Geld angezeigt). Menschen, die nichts tun dürfen, denen die Freiheit entzogen wird, selbst eine Beschäftigung zu wählen, diese Menschen werden mit Stillstand bestraft – das ist wohl eine Intention unseres Rechtssystems: Sie sollen hübsch nachdenken und ihre Fehler einsehen, während sie eine »Auszeit« verpasst kriegen. Mit dem Gesicht zur Wand. Ach nein, das macht man ja heute nicht mehr. Dass der Weg zurück in die Gesellschaft über gelenkte Bewegung gleich Arbeit führt, wird in vielen Justizvollzugsanstalten praktiziert.

Die Hintergründe sind leicht nachzuvollziehen: Regelmäßige Beschäftigung gibt einem Menschen eine Struktur für seine Zeit, er lernt durchzuhalten, mit anderen im Team zu arbeiten und stärkt gleichzeitig seine motorischen Fähigkeiten. Lauter Pluspunkte – und vor allem wird dem Menschen hinter Gittern somit nicht langweilig, was mit Sicherheit ungünstige Folgen hätte: Das Gefühl, von anderen zum Nichtstun ge-

Im Konzept des offenen Vollzugs der Justizvollzugsanstalt (JVA) Bremen wird betont, dass »Versorgung und Sicherung« der Gefangenen eine hintergründige Rolle einnehmen verglichen mit einer »möglichst großen Außenorientierung« und einem »freien Beschäftigungsverhältnis bei einem externen Arbeitgeber«. Es besteht hier Arbeitspflicht, um »die Gefangenen an ein strukturiertes Arbeitsleben heranzuführen«. Wer keine externe Arbeit hat oder findet, wird beim offenen Werkhof der JVA untergebracht. Dass »Gefangene, die zu wirtschaftlich ergiebiger Arbeit nicht fähig sind, arbeitstherapeutisch« beschäftigt werden sollten, steht im Konzept der JVA Heinsberg. Hier wurden arbeitstherapeutische Maßnahmen mit Holz in einer brachliegenden Schreinerei entwickelt, um jugendliche und heranwachsende Strafgefangene zu beschäftigen. Diese Maßnahmen werden auch entlohnt.

zwungen zu werden, macht aggressiv. Auch wenn es sich um eine möglicherweise verdiente Strafe handelt. Viele Berichte von Häftlingen kommen beharrlich darauf zurück: Wie kann ich die Zeit totschlagen (ist das in einer JVA überhaupt erlaubt?), wenn ich doch nichts tun darf? Wenn ich da den Gedanken von Blaise Pascal weiterspinne, dann ist unsere Natur vor allem deswegen »Bewegung«, weil uns das davon abhält, dem Tod, der völligen Ruhe, näherzurücken. Ah, gibt es da nichts dazwischen? Ein paar Grauzonen?

Ich lag den vierten Tag im Bett und las mich durch den zweiten Krimi von Wolf Haas: Wieder musste Simon Brenner, Privatdetektiv, Expolizist und Autofahrer, in irgendwelche Abgründe der österreichischen Gesellschaft kriechen, zwischen Backhendlknochen und Güllegruben. Aber Sie kennen das ja schon: Mir wurde nicht langweilig, obwohl ich mich in einem von außen verordnetem Stillstand befand. Und? Genau! Ich habe das, was andere als Langeweile bezeichnen, gemocht. Und gleich noch ein Zitat von Simon Brenner notiert: »Wenn man krank ist, muss man ja dauernd die Gesunden trösten, dass man ihnen den Schock zumutet.«

Herrlich!

Die meisten Menschen in Krankenhäusern werden zum Nichtstun gezwungen, auch wenn sie nicht unbedingt krank sind: Manch Schwangerer wird wegen frühzeitiger Wehen Bettruhe verschrieben. Da liegt so eine Frau dann da und kann ihrem Babybauch beim Wachsen zusehen. Nun ist dieses Nichtstun aber zeitlich befristet, und geschieht im Namen einer guten Sache, des Lebens eines gesunden Kindes. Bei Kranken ist das schon anders, da gibt es nicht immer eine zeitliche Befristung der Auszeit und auch nicht immer ein Happy End.

Anders war das bei mir: Das Virostatikum gegen meine Meningitiserkrankung musste mindestens zehn Tage intravenös verabreicht werden. Plus einen Tag Aufnahme und Expertise macht das elf Tage, die ich vermeintlich zum Nichtstun gezwungen wurde. Dass sie die Langeweile genießen, das geht nicht allen so im Krankenhaus. Als ich nach fünf Tagen in ein Vierbettzimmer verlegt wurde, lag neben mir eine alte Frau. Ich schätze, sie war jenseits der 80 – wir sprachen eigentlich gar nicht miteinander. Zumeist lag sie im Bett und starrte die Wand an. Sie las nicht, sie sah nicht fern und hörte nicht Radio. Ganz selten betete sie, am Abend. Eine andere Zimmernachbarin, die mir erzählte, sie sei in Belgrad geboren und seit Jahren schon in München, sprach die Frau einmal auf Serbisch an. Darauf reagierte sie. Auf meine deutsche Ansprache nicht. Im Gegensatz zu mir und der Frau aus Belgrad bekam die alte Frau nie Besuch. Entweder gab es niemanden, oder es kam einfach niemand vorbei. Eines Abends sagte die alte Frau sehr deutlich auf Deutsch: »Ich werde hier sterben.« Ich sah sie an, doch sie hatte sich schon wieder von mir abgewendet und starrte die Decke an. So schwieg ich.

Ist das wieder die schlimme Fratze der Langeweile? Fast schon aufbewahrt wie ein altes Möbelstück an einem Ort, an dem Kommunikation schwerfällt oder gar unmöglich ist, allein, isoliert, womöglich todkrank – was der Frau fehlte, weiß ich nicht. Ob ihr langweilig war? Ich weiß auch das nicht.

Die Langeweile-Familie (Liste 1.2)

- verwandt mit: Stillstand
- ohne Prüfung und Herausforderung
- ohne erkennbaren ökonomischen Wert
- kann zu lebensbedrohlichen Ersatzhandlungen wie Rauchen, Trinken etc. führen
- Indikator für: Kontrollverlust
- Gegenteil von: in Bewegung sein
- erstmals erwähnt von Blaise Pascal
- verwandt mit: Nichtstun
- verbreitet in Gefängnissen
- kann von Arbeit vertrieben werden
- kann zeitlich befristet vorkommen in Krankenhäusern
- verwandt mit: Isolation

Fortsetzung folgt

Nichtstun gibt es streng genommen natürlich gar nicht, denn wir tun doch immer etwas: all die automatisierten Dinge wie Atmen, Verdauen, Sehen, Hören, Riechen und so weiter. Aktiv tun wir auch etwas, selbst wenn wir meinen, nichts zu tun, zum Beispiel Denken: »Mir ist so langweilig. Ich habe nichts zu tun. Wann kommt endlich – der Bus, der mich von hier wegbringt?«

Früher war es der Märchenprinz auf seinem weißen Ross, der die schöne Jungfer weggebracht hat, der sie dem tiefen Schlaf, dem schmutzigen Kohlenkeller, den Fängen des übelriechenden Ungeheuers entrissen hat. Das alles macht heute relativ undramatisch der Bus – so viel gesamtgesellschaftliche Emanzipation haben wir also erreicht.

Der Bus erlöst uns aus dem Zustand des »Ich komm hier nicht weiter« und bringt uns an den nächsten Ort. Und bis das passiert, müssen wir stillstehen. Das kennen Sie mit Sicherheit selbst: Langeweile empfinden die meisten Menschen, die warten, an Bushaltestellen oder auf Bahnsteigen. Dieses Auf-und-ab-Gehen, das Studieren des Fahrplans, raus aus dem Wartehäuschen, kommt der Bus, nein, rein ins Wartehäuschen, wieder auf den Fahrplan sehen: Wir, Sie und ich gehören da doch ebenso dazu, sehen diesen Zeitreichtum – eine Minute, bis der Anschluss kommt, oder wenn Schnee fällt, auch mal 40, 50, 60 Minuten – nicht als Geschenk, sondern eher als Fluch an: Wir kommen uns vor wie auf einem endlosen Abstellgleis. Dornröschengleich sehnen wir uns nach dem Prinzen, dem Wachküsser, dem Erlöser – eben in Gestalt eines Busses, in den wir einsteigen können. Dieses Bushaltestellen-Gefühl kann nur bekämpft, aber nicht abgestellt werden. Und am besten bekämpfen wir es mit dem Zeittotschläger Nummer eins: dem Handy-Tablet-Smartphone-Handheld.

Wenigstens regnet es nicht: Zwei Frauen warten auf den Bus.

Ach, wie haben wir das ganze Warten nur überlebt, bevor es diese Geräte gab? Sie lachen? Hand aufs Herz, da sind wir doch alle gleich: Wenn wir im Bus, in der Bahn oder in der Tram unterwegs sind, vor dem Sprechzimmer der Halsnasenohrenärztin oder des Steuerberaters sitzen, holen wir die Dinger raus: Wischen uns durch Mails, Nachrichten, den Kalender oder ein kleines Spiel. Das geht auch im Stehen! Und so privat: Wie gut, dass keiner weiß, dass Sie lieber Tratsch über europäische Königshäuser lesen als in die Abgründe der Tagespolitik einzutauchen. Und dass ich seit einem Jahr mit einer kleinen App versuche, Spanisch zu lernen und bis heute »la mujer« – »die Frau« – nicht richtig aussprechen kann, weil ich fast immer die Lautstärke meines Smartphones ausgeschaltet habe und somit die Aussprachetipps verpasse.

Die Langeweile-Familie (Liste 1.3)

- verwandt mit: Warten
- setzt den Bus als Märchenprinz ein
- wird vertrieben von Handy-Tablet-Smartphone-Handhelds

Fortsetzung folgt

Wir können nicht einfach nur auf den Bus warten, na gut, viele von uns können das nicht. Ebensowenig wie wir der Farbe beim Trocknen zusehen können – das machen wir nicht einmal am Sonntagnachmittag, wenn wir mit den Kindern Holz-Vogelhäuschen mit Acrylfarbe bemalen: Wir holen den Haarföhn aus dem Badezimmer und pusten die Farbe mit 3000 Watt in Höchstgeschwindigkeit trocken.

Es ist gegen unsere Natur, wissen wir von Blaise Pascal, und gegen die Idee des Kapitalismus: Nicht-Tätigkeiten sind in unserer von Beschleunigung und Wachstum angetriebenen, westeuropäischen, bundesdeutschen Gesellschaft nicht besonders wohl gelitten.

Ich hoffe, Ihnen liegt auch schon die nächste Frage auf den Lippen: Genau. Warum eigentlich?

Müssen Menschen immer in Bewegung sein?

Von der mechanischen Uhr über Langeweile in der Philosophie des 18. und 19. Jahrhunderts zu Martin Heidegger, der Langeweile als Grundstimmung des Daseins ansah

Wie würden Sie Stillstand zeichnen? Wahrscheinlich so wie ich: mit einer stehengebliebenen Uhr. Und damit haben wir schon den Finger draufgelegt: Es hat mit der Uhr zu tun, dass wir Stillstand nicht mögen.

Uhren, also mechanische Uhren, Räderuhren, gibt es etwa seit dem Mittelalter: Hoch oben am Kirchturm, ein gewaltiger Stundenanzeiger, der die Zeit und somit das Leben der Menschen strukturiert. Es gab in früheren Zeiten auch schon Uhren – Wasseruhren, Sonnenuhren, Sanduhren, Kerzenuhren, usw. – und natürlich den Wechsel von Tag zu Nacht und die Jahreszeiten. All das sollte die Zeit fassbar machen, wenigstens ein bisschen.

Mit mechanischen Uhren aber konnte das, was zuvor ausschließlich Naturgegebenheiten unterlag (Wetterverhältnissen und Jahreszeiten waren Menschen trotz Regentänzen und Sonnwendfeuern stark ausgesetzt), künstlich mitbestimmt werden: Man musste nicht mehr bei Sonnenaufgang aufstehen und bei Sonnenuntergang ins Bett gehen, sondern war unabhängiger von der Natur, von Sonnenlicht, Jahreszeiten und Wetter. Zeit und Wetter, die bis dahin ein untrennbares Paar gewesen waren (Sie wissen vielleicht, dass »le temps« im Französischen »Zeit« und zugleich »Wetter« heißt, ebenso wie »el tiempo« im Spanischen, »il tempo« im Italienischen und »o tempo« im Portugiesischen), wurden nun getrennt. Statt mit dem Wetter wurde die Zeit nun mit einer neuen Qualität gepaart: dem Geld.

> Die Uhr ist die Grund-Maschine, um Zeit konsequent im großen Stil in Geld umzurechnen. Wenn ich eine begrenzte Größe, nämlich die Zeit, mit einer unbegrenzten, nämlich Geld verrechne, dann wird auf einmal Beschleunigung attraktiv im großen gesellschaftlichen Stil.

Das hat Jonas Geißler gesagt. Ihn habe ich vor einiger Zeit getroffen, ich saß in seiner Küche und habe mit ihm über Zeit gesprochen. Um die kümmert sich Jonas Geißler auf professioneller Ebene: Er ist so eine Art Zeit-Coach, er begleitet Unternehmen in Veränderungsprozessen, bringt Kolleginnen und Kollegen bei, einander in Team-Meetings nicht permanent zu unterbrechen, und schlägt andere Möglichkeiten der Kommunikation vor als jeden Tag 80 Mails an alle. Daneben schreibt er Bücher – und verbringt Zeit mit seiner Familie, seiner Frau, seinen drei Töchtern und seinem Vater Karlheinz Geißler. Letzterer ist Zeitforscher und emeritierter Professor für Wirtschaftspädagogik an der Universität der Bundeswehr in München. Vater und Sohn Geißler haben Times and More gegründet, ein Institut für Zeitberatung.

Da saßen wir also, beide vor einer großen Schüssel Milchkaffee, und sprachen über Zeit. Nach einer Weile kamen wir

Gemeinsam nichts tun: eine »Veranstaltung« des Nadism Club.

aufs Nichtstun und die Frage, warum wir für viel Geld »Donothing«-Wochenenden in der Einsamkeit der ukrainischen Karpaten buchen müssen, um innerlich ruhig zu werden, während wir von Berggipfel zu Kuhweide stapfen. Na gut, wir tun das nicht, aber möglicherweise haben Sie mal darüber nachgedacht.

Jonas Geißler erzählte mir dann von Marcelo Bora, einem brasilianischstämmigen Designer, der den Nadism Club entwickelt hat: In München trifft man sich gemeinsam im Englischen Garten – und tut nix. Diese Treffen gibt es auch in anderen Städten, in London, Porto Alegre, São Paulo oder New York City. Das gemeinsame Nichtstun kostet keinen Eintritt, aber es ist eine Marke, quasi ein Produkt. Bora weist so mit seinem Nadism Club darauf hin, dass wir den Schutz eines Kollektivs und eines Überbegriffs benötigen, um mal nichts tun zu können.

Zeit zur Verfügung zu haben, die nicht an Termine, Verpflichtungen, Engagement, Betreuung, Weiterbildung oder Erwerbstätigkeit vergeben ist, das ist irgendwie suspekt. Aber ist es wirklich langweilig, Zeit zu haben ohne dazugehörige Aufgabe? Und bedeutet Langeweile automatisch, dass es nichts zu tun gibt? Ja, so einfach ist das nicht mit der Langeweile. Sie kennen mit Sicherheit Tätigkeiten, die Sie langweilig finden. Und Sie kennen mit Sicherheit auch tätigkeitslose Momente, in denen Sie keine Langeweile empfinden. Eben. Es ist komplizierter.

Die Langeweile-Familie (Liste 1.4)

- verwandt mit: einer stehengebliebenen Uhr
- verwandt mit: der Trendbewegung Nichtstun
- verwandt mit: überflüssige Zeit zur Verfügung haben
- verwandt mit: nichts tun können
- verwandt mit: nichts zu tun haben

Fortsetzung folgt

Als ich im Krankenhaus lag, gab es keine Uhr in meinem Zimmer, mein Smartphone lag meistens in der Schublade und meine Armbanduhr zuhause im Bad. Dennoch wusste ich stets genau, was anstand: Morgens knipsten die Schwestern das Licht im Zimmer an, die Körpertemperatur der Patientinnen wurde gemessen. Dann erhielt ich meine Morgeninfusion. Wenn die halb durchgelaufen war, wurde das Frühstück gebracht. Das Mittagessen kam, nachdem die Putzfrau den Boden gewischt hatte. Trudelten die ersten Besucherinnen und Besucher ein, war es Zeit für meine Nachmittagsinfusion. Wenn der Ehemann der Belgraderin das Zimmer betrat, wurde kurz darauf das Abendessen geliefert. Die Nachtinfusion verschlief ich meistens.

»Ob sich die Menschen immer schon gelangweilt haben oder nicht, ist ungewiss.« Mit diesen Worten beginnt die Philosophieprofessorin Renate Breuninger ihren sehr anregenden

Sammelband über Langeweile, die sie in zwei Formen einteilt, die »einfache« und die »existentielle«. Unter einfacher Langeweile verstehe ich so etwas wie eine Unmutsäußerung – ein »Mensch, ist dieser München-*Tatort* fad heute!« Die existentielle Langeweile dagegen erscheint mir wie der Nietzschesche Blick in den Abgrund: eine Begegnung mit dem Nichts, ein resigniertes »Alles ist öde. Ich bin es auch. Und zwar für immer.« Mit einer fatalen Folge: Wenn ich etwas, beispielsweise einen Fernsehkrimi langweilig finde, dann bin ich in der Lage, ein Urteil zu fällen, verfüge also noch über mein individuelles Wertesystem. Wenn aber alles schlecht, öde und nichtig ist, kann ich auch nicht mehr beurteilen, ob in all dem unter Umständen doch noch etwas gut ist.

Die einfache Langweile ist häufig vorhersehbar: Sind nicht alle Fernsehkrimis öde, mit Ausnahme der schwedischen? Eben. Oder: Haben Sie in den letzten Tagen, Wochen, Monaten viele Fernsehkrimis gesehen, vielleicht zu viele? Die einfache Langeweile erinnert obendrein an Übersättigung, an Ekel: Weil ich früher zu oft Pasta mit selbstgemachtem Pesto gegessen habe, kann ich diese öligen grünen Nudeln heute nicht mehr sehen, ja, mir wird sogar ein wenig übel, wenn ich mir den Geschmack vorstelle. Das kann Langeweile auch, eine Grenze ziehen. Und das gehört unbedingt auf die Pluspunkteliste der Langeweile: Ähnlich wie eine Vorahnung, gar Angst, kann sie uns vor Übel bewahren.

Die existentielle Langeweile hingegen entzieht allem den Wert und zerstört damit jede Freude. Durch sie wird jede Situation, jede Tätigkeit, jede Sache ziemlich sinnlos. Das ganze Leben wird damit in Frage gestellt. Das erinnert mich an schlimme Depressionen.

Die Langeweile-Familie (Liste 1.5)

- verwandt mit: einer Unmutsäußerung (einfache Langeweile)
- verwandt mit: einer Begegnung mit dem Nichts (existentielle Langeweile)
- kann von mir erkannt werden
- kann vorhersehbar sein
- kann alles nichtig machen
- Indikator für: Ekel
- Indikator für: Übersättigung
- verwandt mit: Vorahnung
- entfernt verwandt mit: Angst
- entfernt verwandt mit: Depressionen

Fortsetzung folgt

Peter Toohey, Professor für Altphilologie an der kanadischen University of Calgary, untersucht seit langem die Geschichte der Emotionen und des Wahnsinns. Er hat eine Diskussion darüber initiiert, ob Langeweile auf einen Mangel des Neurotransmitters Dopamin zurückzuführen sei. Dopamin ist so etwas wie das Fleißbildchen unseres Gehirns, ohne diese Substanz wären Emotionen wie Freude oder Erregung kaum möglich. Das erfahren Kinder, die unter ADHS (Aufmerksamkeitsdefizit-Hyperaktivitätssyndrom) leiden: Sie haben häufig einen sehr niedrigen Dopaminspiegel. Dagegen wirkt das Medikament Ritalin, aber auch das typische ADHS-Verhalten, »aktive Neugier und Risikofreude« – beides stimuliert den Dopaminspiegel und lässt Langeweile verschwinden.

Mit existentieller Langeweile haben sich Friedrich Nietzsche, Immanuel Kant und Arthur Schopenhauer im 18. und 19. Jahrhundert auseinandergesetzt. Ähnlich wie Blaise Pascal vor ihm ging Immanuel Kant (1724–1804) davon aus, dass Menschen sich stets getrieben fühlen, in Bewegung zu bleiben, weiterzukommen, ja dass das Leben selbst nur durch Taten erspürt werden kann.

> Der Mensch fühlt sein Leben durch Handlungen und nicht durch Genuss. Je mehr wir beschäftigt sind, je mehr fühlen wir, dass wir leben, und desto mehr sind wir uns unseres Lebens bewusst.

Das Handeln kann positiv gesehen werden, wie die vielzitierten Regeln des Glücks nach Kant, »Tu etwas, liebe jemanden, hoffe auf etwas« zeigen, die Poesiealben, Hochzeitskarten und Geburtsanzeigen gleichermaßen schmücken.

Wer kein erreichbares Ziel vor Augen hat, wird davon angetrieben, bloß nicht »die lange Weile«, diese große Leere zu verspüren. So ging schon der vernunftbezogene Kant davon aus, dass Menschen sogar bereit sind etwas tun, was ihnen schadet, nur um Untätigkeit zu verhindern.

Hier denke ich sofort wieder an die britische Langzeitstudie: Um zu verhindern, dass ihnen langweilig wird, lassen sich Menschen auf bekanntermaßen schädliche Ersatztätigkeiten ein – Rauchen, Saufen, Drogenkonsum.

Ähnlich negativ wie sein Lehrer Immanuel Kant hat Arthur Schopenhauer (1788–1860) die Langeweile gesehen: Zwischen ihr und dem Schmerz bewege sich das triste Leben, schrieb er. Sie ahnen es schon, Schopenhauer neigte nicht nur zum Pessimismus, er machte ihn sogar zum Grundstein der Welt –

ein ausgesprochenes Jammertal. Anders Friedrich Nietzsche (1844–1900), der Schopenhauer zwar als seinen »Erzieher« bezeichnete, dessen und somit auch Kants verkopfte Ansichten aber wieder auf die Beine stellen wollte.

Wir dürfen dabei nicht vergessen, dass das Denken vieler Menschen im 19. Jahrhundert stark von Erkenntnissen aus den Wissenschaften durcheinandergebracht und zugleich angetrieben wurde, vor allem durch die Evolutionsbiologie von Charles Darwin. Nietzsche war der Meinung, es gebe gar keine absoluten Wahrheiten und Werte, ihm ging es in der Hauptsache um das (individuelle) Leben. Wahrheiten waren für ihn nicht absolut – und nicht von Dauer. Das sollte provozieren, wachrütteln, was ihm durchaus gelang, vor allem mit seinen Überlegungen zum Tod Gottes. Auch über die Langeweile hat er in einigen Texten geschrieben, und zwar recht positiv, was wieder als sehr streitbar empfunden wurde. Nietzsche verband sie – Überraschung! – mit Mut, schrieb etwa:

> Wer den Mut nicht hat, sich und sein Werk langweilig finden zu lassen, ist gewiss kein Geist ersten Ranges, sei es in Künsten oder Wissenschaften.

Eine andere Stelle aus Nietzsches *Menschliches, Allzumenschliches* möchte ich Ihnen nicht vorenthalten:

> Bei tiefen Menschen wie bei tiefen Brunnen dauert es lange, bis Etwas, das in sie fällt, ihren Grund erreicht. Die Zuschauer, welche gewöhnlich nicht lange genug warten, halten solche Menschen leicht für unbeweglich und hart – oder auch für langweilig.

Wieder ein Beleg dafür, dass Langeweile häufig mit Geschwindigkeit verbunden wird. Langsamere Menschen, deren »Entfaltung« einen längeren Atem voraussetzt, werden gerne überrannt.

Klammer auf:

Als »Schnellsprecherin« muss ich mich immer wieder zügeln, um Menschen mit langsamerem Sprechtempo nicht ständig ins Wort zu fallen und durch unhöfliche Überholmanöver in Gesprächen Dominanz zu demonstrieren. In diese Kerbe hauen sämtliche Witze über Schildkröten, Schnecken oder Menschen aus Bern, denen man ein geringeres Tempo nachsagt, das gerne mit Tumbheit gleichgesetzt wird.

Klammer zu.

Friedrich Nietzsche, der wollte, dass »Misstrauen« entwickelt wird, wenn man seine Schriften liest, wird nicht nur als provokant, sondern zudem als widersprüchlich bezeichnet. Letztmöglich ist das eine Art ernste Selbstironie oder aber der Aufruf zu einem »Sowohl-als-auch«-Denken. Eine Idee, die ich dem *ABC des guten Lebens* entnommen habe, das neun Autorinnen 2012 veröffentlichten. »Sowohl als auch« ist ein Bekenntnis zum Widerspruch, etwa, dass ich sowohl für die Einführung von Mindestlöhnen als auch für das Bedingungslose Grundeinkommen bin. Was erst mal widersprüchlich wirkt, aber nur, wenn wir von einer »entweder oder«-Haltung ausgehen. Denken Sie an meine wiederkehrende Beschreibung aus dem Krankenhaus: Mir wurde nicht langweilig. Ich habe die Langeweile genossen. Ein Paradebeispiel für ein »sowohl als auch«: In unserer gängigen Vorstellung muss »tagelang im Krankenhausbett rumliegen« langweilig sein. Diesen Common Sense teile ich nicht. Gleichzeitig bin ich für die Neubewertung des »öden Gefühls«, also für ein neues Verständnis, in dem Langeweile wohl gelitten ist.

In dem *ABC des guten Lebens* gibt es zudem einen Eintrag zum »Tätigsein«, eine notwendige Ergänzung zu der Idee des »Menschen müssen immer in Bewegung sein«:

> Der Wunsch, in irgendeiner Weise tätig zu sein, ist wohl allen Menschen gemeinsam. … Die Einteilung des Tätigseins in Kategorien wie Arbeit, Hobby, Ehrenamt oder Beschäftigung kann zu viel Verwirrung führen, da der Eindruck entsteht, es handle sich um ganz unterschiedliche Bereiche, die auch unterschiedlich bewertet werden müssen. Eigentlich handelt es sich jedoch immer um menschliches Tätigsein.

Die »ABC«-Autorinnen schließen diesen Punkt mit der Forderung eines Rechts auf individuelle, sinnvolle Tätigkeiten, die nicht unbedingt einen angemessenen Geldwert entsprechen müssen, was ich – angesichts der bevorstehenden Veränderung unserer Welt hinsichtlich der Digitalisierung vieler Arbeitsplätze – einen wichtigen Hinweis finde.

»Die Langeweile ist nur möglich, weil jedes Ding, wie wir sagen, *seine* Zeit hat.« Wir sind in der Philosophie des 20. Jahrhunderts angekommen, dieser Satz ist ein Gedanke von Martin Heidegger. In seiner Vorlesung über *Die Grundbegriffe der Metaphysik* (1929/30) skizzierte er drei Formen von Langeweile: Zuerst gibt es Gelangweiltwerden und Zeitvertreib (das schon erwähnte Warten auf den Bus), dann Sich-langweilen bei etwas und der zugehörige Zeitvertreib (etwa eine Einladung zu einer Party, die sich im Nachhinein als öde herausgestellt hat, wodurch verursacht, ist unklar – mitnichten sagt Heidegger, gesellschaftliche Verpflichtungen seien unablässig, stets oder ohne Ausnahme langweilig!) und schließlich die »tiefe Langeweile«, die so übermächtig ist, dass ein Zeitvertreib gar nicht mehr möglich erscheint. Ich denke, vor Heidegger wollten Denker wie Blaise Pascal eben diese tiefe Langeweile bekämpfen.

> Die tiefe Langeweile in den Abgründen des Daseins wie ein schweigender Nebel hin- und herziehend, rückt alle Dinge, Menschen und einen selbst mit ihnen in eine merkwürdige Gleichgültigkeit zusammen.

In Heideggers Hauptwerk ist es ihm um die Frage nach dem »Sein« gegangen, und dass darauf keine leichte Antwort zu finden ist, das liegt auf der Hand. So folgen wir seinen Gedanken hier noch ein wenig: Langeweile ist für Heidegger die Grundstimmung unserer Welt, wie ein schweigender Nebel ist sie beständig da – sicher fällt Ihnen jetzt wieder unser Grauschleier ein. Bei Heidegger wird die Grundstimmung vom Dasein – also vor allem von uns, den Seienden – unterdrückt. Wichtig ist, dass die Langeweile immer schon da war und nicht erst mit einem Ding oder einer Person eintritt. Sie kann nicht verschwinden, sondern lediglich als Grundstimmung übertönt werden – und das ist eine völlige Umkehrung unseres Grauschleier-Bildes, der kommt, sich über uns legt wie ein dünner Umhang und nach einer Weile wieder verschwindet.

Die Langeweile-Familie (Liste 1.6)

- verwandt mit: langer Weile (ein größerer Zeitraum)
- um sie zu vertreiben, wird auch unvernünftig gehandelt
- verwandt mit: Schmerz
- verwandt mit: Mut
- kann zu kreativem Schaffen führen (nicht immer)
- verwandt mit: Tätigkeiten in verhältnismäßig langsamem Tempo
- sein eigenes Werk langweilig zu finden verlangt Mut
- Grundstimmung der Welt nach Martin Heidegger (1929/30)
- einfache Langeweile kann durch Zeitvertreib vertrieben werden
- tiefe/existentielle Langeweile erlaubt keinen Zeitvertreib

Fortsetzung folgt

Die Erfindung der Langeweile

Vom Fehlen der Langeweile in Antike und Mittelalter über die Todsünde Acedia bis zum Beginn der Neuzeit mit dem Aufstieg des Bürgertums

Seit wann sprechen wir von Langeweile? In der Philosophie taucht sie im 17. Jahrhundert auf mit Blaise Pascal, der Langeweile als unangenehmen Stillstand beschrieb. Ähnlich sah auch Immanuel Kant im 18. Jahrhundert ein »Ziel«, das Menschen durch Handlungen erreichen wollen, als zentralen Bestandteil unserer Existenz. Friedrich Nietzsche fand in der Langeweile im späten 19. Jahrhundert etwas Elitäres, gar Positives. Martin Heidegger bezeichnete sie im 20. Jahrhundert als »Grundstimmung der Welt« – ja und heute, im 21. Jahrhundert, gelten Smartphones als Fressfeinde der Langeweile.

Sie ahnen es, nicht nur in der Philosophie ist Langeweile eine recht neue Erfindung, menschheitsgeschichtlich betrachtet weilt sie ebenfalls noch nicht lange unter uns. Es gibt keine Höhlenmalereien von Menschen, die vor zwanzig- bis dreißigtausend Jahren teilnahmslos auf einem Stein saßen – stattdessen wurde damals wohl in der Hauptsache gejagt und manchmal das Meer befahren. Die großen Denker der griechischen Antike von rund 1000 v. Chr. an ließen sich nicht über Langeweile

Fern der griechischen Antike bzw. dem Juden- oder Christentum existierten im alten Ägypten – wie Pyramiden-, Sarg- und Totenbuchtexten zu entnehmen ist – klare Vorstellungen von Tugenden. Gerechtigkeit, Wahrheit oder Mildtätigkeit standen schlechte Eigenschaften wie Hochmut, Stolz oder Geiz gegenüber. Es gab 42 Sünden (ein Vielfaches der christlichen Todsünden-Zahl sieben!), schreibt der Ägyptologe Hans Bonnet in seinem *Reallexikon der ägyptischen Religionsgeschichte*, repräsentiert von den 42 Dämonen des Gottes Osiris, die gemeinsam das Endgericht bildeten, vor dem sich die Toten verantworten mussten. Die Dämonen hießen »Blutsäufer«, »Gedärmefresser« oder »Knochenbrecher«, und sie ernährten sich vom Blut der Sündigen. Zu den Sünden gehörten die üblichen Verdächtigen: Mord, Diebstahl, Lüge, Verleumdung, Horchen, Unkeuschheit oder Ehebruch – die Langeweile wurde hier aber nicht genannt.

aus. Hätten sie sie bedacht, wäre diese wohl eine Bedrohung des von ihnen empfohlenen tugendhaften Lebens gewesen: Mäßigkeit, Selbstbeherrschung und die Beachtung des rechten Maßes sollten Ausgewogenheit und Gerechtigkeit ermöglichen, damit hatte die Langeweile nun wirklich nichts zu tun. Obwohl die griechischen wie später auch die römischen »oberen Zehntausend« sich den Luxus des Müßiggangs natürlich durchaus erlauben konnten: Gearbeitet haben Frauen, Sklaven oder Knechte, und zwar für den, der es sich leisten konnte.

Die Forderung, dass Arbeiten etwas ist, was alle, sogar Gott, der in sechs anstrengenden Tagen die Welt schuf, tun sollten, kam erst mit dem Judentum auf. Überhaupt ist die hebräische

Bibel die Erfinderin der 7-Tage-Woche und des fixen freien Tags an deren Ende. Andere Hochkulturen wie etwa die Babylonier oder später die Griechen und Römer kannten keinen Sabbat oder Sonntag, sondern lediglich Feiertage. Wie passt aber diese Regel dazu?

»Wer nicht arbeiten will, soll auch nicht essen.« Dieser Satz des Apostels Paulus wird bis heute gern zitiert, er stand in der Verfassung der Sowjetunion und wurde von Politikern als Kampfansage gegen Arbeitslose verwendet. Bei der Auslegung gibt es aber mehrere Missverständnisse, die ich hier auflösen möchte: Erstmal hat nicht Paulus selbst den Satz niedergeschrieben, sondern ein Schüler in seinem Namen, zwischen 80–90 n. Chr. Der Schüler warnt in diesem sogenannten Pastoralbrief vor Müßiggang, weil er, im Gegensatz zu Paulus, von einer nahenden Wiederkehr Jesu Christi ausgeht. Angesprochen werden keine faulen Handwerker, sondern die Gläubigen, die bitte »bis zur letzten Posaune« ihre Arbeit am Reich Gottes nicht vernachlässigen sollten.

Später wurde der Paulus-Satz noch mehr auf Ordensregeln bezogen: Ab dem 3. und 4. Jahrhundert entwickelte sich der Priesterstand und das Mönchtum; Menschen, die sich vor Gott höher gestellt betrachteten als weltlich lebende Christen, mussten sich anderen Regeln unterwerfen. So können all die negativen Aspekte wie Ausbeutung, Entfremdung oder »Menschen als Ware« aufgrund ihrer Bedeutung als Arbeitskraft dem Apostel Paulus nicht in die Schuhe geschoben werden.

In den Schriften von Thomas von Aquin und dazu in Dantes *Göttlicher Komödie* aus dem 13. und 14. Jahrhundert können wir dann durch unsere 21.-Jahrhundert-Brille die ersten richtigen Spuren der Langeweile sehen, und zwar bei den seit dem frühen Mittelalter diskutierten Todsünden. Diese führen im

In seiner geistesgeschichtlichen und kultursoziologischen Untersuchung *Langeweile, Überdruss und Lebenssinn* schreibt der Soziologe Alfred Bellebaum, dass die Acedia bereits im vierten Jahrhundert als Todsünde ausgemacht worden war. Zwei Mönche, Johannes Cassianus (ein lateinisch-römisch und griechisch geprägter Eremit und Autor zahlreicher Schriften über das mönchische Leben, der nach seinem zurückgezogenen Leben in der Wüste Ägyptens, Kleinasiens und Palästinas ein Kloster bei Marseille gründete) und kurz zuvor noch Evagrius Ponticus (er lebte und lehrte gleichfalls zumeist in der Wüste), haben unabhängig voneinander ein ziemlich übereinstimmendes Lasterschema notiert, das damals eine Art Allgemeinwissen unter Mönchen war: Alle hatten von den bösen Gedanken gehört, die die falschen menschlichen Leidenschaften wirksam werden lassen. Cassianus schrieb in seiner Schrift über die *Einrichtungen der Klöster*, es gäbe einen »Kampf gegen jene Sünde zu bestehen, welche die Griechen ἀκηδία [Akēdia] nennen, was wir mit ›Überdruss‹ oder ›Angst des Herzens‹ übersetzen können«. Die Acedia sei verwandt mit der Betrübnis und hauptsächlich den wandernden Mönchen und Einsiedlern bekannt. Den in der Wüste Lebenden erscheine sie ziemlich heftig und häufig, und zwar besonders zur Mittagszeit, dann, wenn das Fasten oder die Hitze des Tages sich auswirkten auf das Befinden der Mönche. Die Acedia wurde deshalb auch als »Mittagsdämon« bezeichnet.

Vergleich zu alltäglichen Sünden zu ewiger Verdammnis, so die Vorstellung der Gläubigen. Eine dieser sieben (manchmal auch acht) Todsünden, die »Acedia« – aus dem Lateinischen übersetzt mit »Nachlässigkeit«, »Nichts-machen-Wollen«, bezieht sich auf eine innere Haltung, die den altgriechischen Begriff der »Sorglosigkeit« einschließt.

Das mit der Acedia verbundene Nichts-machen-Wollen ist aber unbedingt in Bezug auf Gott zu sehen. Es ist eine Art religiöse »Verschlossenheit« oder Verweigerung, eben nicht Faulheit, sondern mehr eine »Trägheit des Herzens« – Flucht vor Gott, Abkehr vor Gott. Die Acedia machte antriebslos und in jedem Fall traurig – und den christlichen Mönchen das Leben schwer. Manche sehen diese Todsünde als eine Vorbotin unserer Langeweile. Erst in der Renaissance, zwischen Mittelalter und Neuzeit, wurde die Acedia von der Vorstellung der Todsünde befreit – stattdessen wurde sie als notwendiges Übel von Kreativschaffenden gesehen, eine melancholische Stimmung, unter der Künstler und Poeten litten. Diese Verbindung erwähnt dann viel später noch einmal Friedrich Nietzsche.

Die Bedeutung der Langeweile mag sich geistesgeschichtlich aus einer Todsünde entwickelt haben, aber seit wann gibt es das Wort »Langeweile«? Nun, zum Vokabular des Mittelhochdeutschen zählt es auf jeden Fall nicht. Im Wörterbuch von Matthias Lexer findet man das Adjektiv »oede«, was aber zumeist mit »leer«, »unbewohnt«, »unbebaut« zu übersetzen ist. Oder das Nomen »urdruz«, das »Überdruss«, »Ekel«, »Abscheu« meint. Langeweile wurde also unter Umständen empfunden – aber wenn genannt, dann nur umschrieben, vielleicht mit dem Wort »nôt«, das zudem »Mühe«, »Drangsal« – »Not« eben – bedeutete.

Auch inhaltlich gibt es in den Heldensagen und Minnegesängen des Mittelalters, das von aufregenden Aventiuren, Drachen, Tjosten und schönen Fräulein ja nur so gestrotzt haben scheint, keine Langeweile, nirgends: Der wohl bekannteste Minnesänger Walther von der Vogelweide beschreibt in seinen Gedichten zwar, dass er vom Träge-im-Gras-Liegen ganz zauseliges Haar hat – doch er beklagt danach nicht etwa eine große Leere, Ödnis, Traurigkeit, die ihn einschlafen ließ, sondern vielmehr seine Sehnsucht nach dem Sommer. Eine mögliche Langeweile ist nur zwischen den Zeilen zu lesen – und wohl besonders mit unserer 21.-Jahrhundert-Brille, die Nichtstun mit Faulenzen (halb-positiv, weil entschleunigt) oder Langeweile (ziemlich negativ, weil ökonomisch wertlos) verbindet.

Ich bin verlegen als ein sû:
mîn sleht hâr ist mir worden rû.
süezer sumer, wâ bist dû?

Ich übersetze das mal:

Ich bin träge wie eine Sau:
mein glattes Haar ist jetzt rauh.
Süßer Sommer, wo bist du?

Dass die Menschen im Mittelalter mit Sicherheit auch Kälte, Flöhen und Langeweile trotzen mussten, wie der »Burgen-Meyer« genannte Althistoriker Werner Meyer einmal sagte, können wir also nur ahnen, bilden die literarisierten Überlieferungen doch mehr den Schein als das alltägliche Sein ab.

Ihren großen Auftritt hat die Langeweile dann wirklich erst zu Beginn der Neuzeit. Noch einmal Vorhang auf für Blaise Pascal: Von seinen *Pensées* wissen Sie schon – er schrieb im 17. Jahrhundert »unsere Natur ist Bewegung, völlige Ruhe ist der Tod« – und fuhr fort:

Eine Schnecke auf der Schulter: Acedia, Kupferstich um 1600 von Jakob Matham

Nichts ist dem Menschen unerträglicher als völlige Untätigkeit, als ohne Leidenschaften, ohne Geschäfte, ohne Zerstreuungen, ohne Aufgabe zu sein. Dann spürt er sein Nichts, seine Verlassenheit, sein Ungenügen, seine Abhängigkeit, seine Unmacht, seine Leere. Allsogleich wird dem Grund seiner Seele die Langeweile entsteigen und die Düsternis, die Trauer, der Kummer, der Verdruss, die Verzweiflung.

Klammer auf:

Stellen wir uns einen Menschen vor, der keine Arbeit hat und kein Geld, um ins Kino zu gehen, ein Buch zu kaufen, ein gesundes Mittagessen zu kochen. Einen Menschen, dem es auch nicht möglich, unter Umständen sogar verboten ist, einer Tätigkeit nachzugehen.

Vor meinem inneren Auge taucht jetzt die oberbayerische Stadt Beilngries nahe Eichstätt auf, in der ich 2015 die Weihnachtstage verbrachte. Beilngries ist eine recht kleine Stadt, entlang der Hauptstraße reihen sich einige Hotels und Gaststätten aneinander – und dann kommt das Rathaus. Dahinter fließt die Sulz. Zu Weihnachten nun waren Hotels und Gaststätten gut besucht, vor dem Rathaus aber standen einige junge Männer. Sie fielen deshalb auf, weil sie sonst nichts taten als dort vor dem Rathaus zu stehen und auf ihre Smartphones zu sehen.

Sie ahnen es schon, die Männer gehörten zu den damals 69 Flüchtlingen, die 2015 von der Großgemeinde Beilngries aufgenommen worden waren. Sie standen dort, weil vor dem Rathaus ein W-Lan-Hotspot ist. An diese Männer muss ich denken, wenn ich Blaise Pascals Gedanken von der »völligen Untätigkeit« lese, die zur dunklen Seite der Langeweile führen. Und jetzt müssen wir noch einmal ins Krankenhaus.

Ich lag schon im Viererzimmer, als meine Freundin wieder vorbeikam. Sie packte die ausgelesenen Wolf-Haas-Krimis und den neuen Roman von Juli Zeh in ihre Tasche. »Ich hab dir eine Zeitung mitgebracht«, sagte sie und gab mir eine aktuelle Ausgabe der taz. »Danke dir«, sagte ich und klopfte mit der flachen Handfläche auf den Rand meines Krankenhausbettes. Sie setzte sich und sah zu der Infusionsflasche, die auf der anderen Bettseite an einem Ständer hing und über einen dünnen Schlauch mit meiner Vene verbunden war. »Die zweite heute«, sagte ich. »Dieses Virostatikum läuft nur langsam durch, hat ein Pfleger gesagt – eine Dosis braucht circa zwei Stunden.« Meine Freundin nickte. Später las ich in der taz einen Artikel von Tijan Sila über die »erdrosselnde Langeweile« im Leben von Flüchtlingen. Der Autor, geboren 1981 in Sarajewo, ist 1994 als bosnischer Kriegsflüchtling nach Deutschland gekommen. Heute unterrichtet er selbst Flüchtlinge und versucht Integrationsskeptischen zu erklären, was viele Flüchtlinge empfinden:

»Manchmal tun mir meine Gesprächspartner leid – ihre Furcht vor Menschen wie mir hat sie regelrecht unterworfen. Und ich versuche sie ihnen zu nehmen. Ich erkläre, dass alle geflüchteten Schüler, denen ich in meinem Alltag als Lehrer begegne, ihre Abende nicht in umstürzlerischem Eifer, sondern in erdrosselnder Langeweile verbringen, auf Entscheidungen von Ämtern wartend. Und das galt auch für mich. Das hauptsächliche Gefühl eines Flüchtlings ist nicht Zorn, sondern schrecklicher Verdruss.«

Verdruss, der »völliger Untätigkeit« entspringt – willkommen bei der dunklen Seite der Langeweile.

Klammer zu.

Die Langeweile-Familie (Liste 1.7)

- verwandt mit: der Todsünde Acedia
- Phänomen der Neuzeit
- existiert nicht im Mittelhochdeutschen
- taucht zeitgleich mit dem Bürgertum auf
- kann zu Verdruss führen

Fortsetzung folgt

Nach Blaise Pascals *Pensées* kommt das 18. Jahrhundert mit Immanuel Kant, und damit die Entdeckung der Langeweile. Neben der Philosophie erkennt die Geschichtswissenschaft ebenfalls einen Paradigmenwechsel in dieser Zeit, wie mir die Historikerin Miriam Gebhardt erklärt hat. Angefangen hat alles im 18. Jahrhundert mit dem bürgerlichen Zeitalter, das so heißt, weil das Bürgertum selbstsicher in Konkurrenz zum Stand der Bauern, den Arbeitern und zum Adel trat. Der Adel konnte mit Abstammung, vermutlich mit besonders guter Erziehung und natürlich mit Landbesitz, Geld, Soldaten punkten. Womit die so genannten bürgerlichen Werte wie Leistung, Tüchtigkeit, Ehrgeiz konkurrierten – und sich bald verbreiteten. Arbeit wurde zu einem Zweck an sich, dadurch veränderte sich auch die Bedeutung von Zeit, das moderne Zeitmanagement dämmerte herauf.

Das alles wissen Sie schon von Jonas Geißler, dem Zeit-Coach für Unternehmen. Er betonte darüber hinaus, dass in dem Augenblick, in dem die Natur von der Zeit abgekoppelt wurde, das Geld an Dominanz gewann. Und damit der Stress. Und wo war – in jedem Dorf, in jeder Stadt – eine große Uhr, die mit lauten Glockenschlägen auf vergangene Stunden hinwies? Richtig: am Kirchturm.

Immer größere Teile der Bevölkerung mussten sich allmählich daran gewöhnen, nach der Uhr zu arbeiten und nicht nur nach Bedarf oder nach Sonnenstand. Das veränderte die Beziehung der Menschen zur Zeit. Sie war nicht mehr Kontinuum, ein ewiger Kreislauf analog zu den Kreisläufen der Natur, unterbrochen von den Zeiten des Schlafens und des Betens. Die Zeit wurde linear und somit kostbar, ein »verbrauchbares« Gut.

Dieses uns heute so vertraute »Mir-geht-die-Zeit-aus«-Gefühl ist also ein neuzeitliches Gefühl: Zeit stand im 18. Jahrhundert, der bürgerlichen Epoche, wie heute nicht mehr unbegrenzt für das reine materielle Überleben und für das Gebet

In der Geschichtswissenschaft wird Zeit über einen Zeitstrahl dargestellt, um zu zeigen, dass die Vergangenheit, Gegenstand der Beschäftigung, auch wirklich vergangen ist. Der Politologe Wolfgang Kraushaar hat den Zeitzeugen mal als »Feind des Historikers« bezeichnet, womit er genau das betont: Erst wenn niemand mehr von etwas erzählen kann – also nach rund 100 Jahren oder drei Generationen – ist etwas vergangen. Dieses »Befreien« der Gegenwart von der Vergangenheit durch die Geschichtswissenschaft begann im späten 18. Jahrhundert, zeitgleich entstand eine neue, stark ausgeprägte Orientierung auf die Zukunft hin. Und je schneller der neue Mensch in die Moderne kam, desto besser: Hoch lebe die Beschleunigung!

zur Verfügung, sondern sie wurde zunehmend auch für Vergnügungen, für Lesen, Reisen, für Konsum genutzt. Das galt jedoch nur für eine noch kleine gesellschaftliche Schicht, die sich von nun an aber unaufhaltsam vergrößern sollte.

Und wenn Zeit mal nicht genutzt wurde, wenn sie »übrig« war, dann hieß das Langeweile.

Windstille für die Seele

Von Goethe, der Langeweile nützlich fand, über die »Mir-ist-wangleilig«-Probleme von Eltern zu Nietzsche, der Langeweile elitär verarbeitete

Das Aufkommen der Langeweile durch die ökonomische Nutzung der Zeit ist sprachhistorisch zu erkennen. In ihrem *Deutschen Wörterbuch* von 1854 weisen Jacob und Wilhelm Grimm darauf hin, dass sich das Zusammenrücken der Wörter »lange« und »Weile« erst in den Schriften des 18. Jahrhunderts zeigt. Dabei entstand wohl zusätzlich eine neue Betonung und somit ein neuer Begriff, ein neuer Gedanke: Die Rede war nicht mehr von einer »langen *Weile«, also einem »langen Zeitraum«, sondern von »*lange Weile«. Diejenigen, die nicht von Langeweile sprachen, waren wohl in der Regel diejenigen, die eher »sprachlos« waren – weil sie weder zum Adel noch zum Bürgertum gehörten.

Zum Vergleich: Das englische »boredom« wird laut etymologischem Lexikon im späten 18. Jahrhundert erstmals erwähnt – »bore« ist etwas, das »ennui or annoyance by dullness« verursacht, daraus entwickelte sich dann »boredom«, die Langeweile. Auch hier sieht man, dass das Wort und die Bedeutung »Langeweile« recht neu sind: Gehören das Deutsche und das Englische zu einer gemeinsamen Sprachfamilie, dem Westgermanischen – was der Grund für die Ähnlichkeiten zwischen »Vater« (Neuhochdeutsch), »fater« (Althochdeutsch) und »father« (Englisch) ist. Aber: Offensichtlich sind die beiden Sprachen trotz gemeinsamer Herkunft eigene Wege gegangen – sprachhistorisch gesehen, aber nicht semantisch: Ähneln sich die Wörter »Langeweile« und »boredom« zwar nicht, bedeuten sie aber doch dasselbe.

Im Deutschen tauchte die Langeweile als Begriff im 18. Jahrhundert auf. Und wer war literarisch gesehen die Hauptfigur des 18. Jahrhunderts? Genau. Johann Wolfgang von Goethe, sein Werk strahlt weit bis ins 19. Jahrhundert, ja bis ins 21. sogar hinein.

Auf Goethe beziehen sich auch Jacob und Wilhelm Grimm in ihrem »Deutschen Wörterbuch« unter dem Stichwort »Langeweile«. Immer wieder schrieb Goethe über Langeweile, etwa dass sie zwei Seiten habe:

> Langeweile ist ein böses Kraut,
> Aber auch eine Würze, die viel verdaut.

Sie macht den Mensch zum Menschen:

> Wenn die Affen es dahin bringen könnten
> Langeweile zu haben
> so könnten sie Menschen werden.

Goethe zufolge ist Langeweile den Menschen vorbehalten, was sie als positive Eigenschaft auszeichnet. In seinen Epigrammen beschreibt er, ähnlich wie später Friedrich Nietzsche, Langeweile gar als Rettung aus persönlicher wie schöpferischer Not:

Wir wissen nicht viel über gelangweilte Tiere, schreibt die Verhaltensforscherin Françoise Wemelsfelder 1984 in *Animal Boredom.* Langeweile empfinden, das setzt eine Art Bewusstsein dafür voraus, eine eigene Persönlichkeit zu sein. Delfine, Hunde, Elefanten oder Primaten zeigen durchaus Fähigkeiten, die ein solches Bewusstsein vermuten lassen – vor allem, wenn sie in einer für sie richtigen Umgebung leben. In der Regel ist Verhalten die Hauptmöglichkeit von Tieren, sich auszudrücken. So können eingesperrte Tiere, die lustlos, angespannt, unruhig, ängstlich oder feindlich zugleich sind, unter Umständen als an Langeweile leidend bezeichnet werden. Die Langeweile als »Unterstimulation« (im Gegensatz zur Überstimulation) lässt Tiere irgendwie »verloren« erscheinen. Problematisch ist es jedoch, diese vermutete Langeweile unabhängig von der Tatsache zu betrachten, dass ein Tier ein bestimmtes Temperament haben kann und dass es in Gefangenschaft, also in einem Käfig oder Stall, entgegen seiner Natur räumlich in seiner Bewegungsmöglichkeit stark eingeschränkt ist und darauf eben reagiert.

Alle Neun, sie winkten mir oft; ich meine die Musen;
Doch ich achtet' es nicht, hatte das Mädchen im Schoß.
Nun verließ ich mein Liebchen; mich haben die
Musen verlassen,
Und ich schielte verwirrt, suchte nach Messer und Strick.
Doch von Göttern ist voll der Olymp; du kamst
mich zu retten,
Langeweile! du bist, Mutter der Musen, gegrüßt.

Langeweile

Über Langeweile wird seit Mitte des 17. Jahrhunderts immer wieder nachgedacht. Sie ist ebenso Stoff von Gedichten wie Eckpunkt unserer Moral- und Wertvorstellungen.

»Die Zerstreuung ist für die Leute von Welt so notwendig, dass sie ohne sie unglücklich sind.«

Blaise Pascal
(1656/1662)

»Unterredungen, die wenig Wechsel der Vorstellungen erhalten, heißen langweilig, eben auch beschwerlich, und ein kurzweiliger Mann wird, wenngleich nicht für einen wichtigen, doch für einen angenehmen Mann gehalten.«

Immanuel Kant
(1789)

»Langeweile ist ein böses Kraut. Aber auch eine Würze, die viel verdaut. Wird uns eine rechte Qual zu Teil, dann wünschen wir uns Langeweil.«

Johann Wolfgang v. Goethe
(1818)

»Die Langeweile ... malt ... wahre Verzweiflung auf das Gesicht.«
Arthur Schopenhauer (1819)
»Wer sich völlig gegen die Langeweile verschanzt, verschanzt sich auch gegen sich selber.«
Friedrich Nietzsche (1878)
»Die tiefe Langeweile in den Abgründen des Daseins wie ein schweigender Nebel hin- und herziehend, rückt alle Dinge, Menschen und einen selbst mit ihnen in eine merkwürdige Gleichgültigkeit zusammen.«
Martin Heidegger (1929/30)
»Langeweile ist in kleinen Dosen so gesund.«
Hannah Arendt (1970)
»Wir surfen aus reiner Neugierde oder schierer Langeweile genauso selbstverständlich durch das Internet wie wir einen Roman zur Hand nehmen können, ganz ohne Interesse für das, was der Autor sich nun ausgedacht hat und was nicht.«
Bettina Stangneth (2017)

Viel zitiert ist diese Zeile über die Langeweile als »Mutter der Musen« – dem Gefühl des »ich habe nichts zu tun« kann durchaus ein guter, kreativer Gedanke entspringen. Das erleben nicht nur Eltern von Kindern, die regelmäßig ins »Mir-ist-wangleilig«-Jammern abdriften.

Klammer auf:

»Wangleilig« ist die Wortschöpfung des Sohns einer Freundin. Den »Mir-ist-wangleilig«-Satz beantwortete sie zumeist mit einem Angebot: »Denk dir selbst etwas aus – dann musst du das auch nicht unterbrechen, wenn's später ans Aufräumen geht.« Spielsachen, Kissenburgen oder selbst erdachte Versuchsaufbauten wollen die wenigsten Kinder aufräumen, das Angebot war also ziemlich verlockend. Inzwischen sind der Sohn und seine Schwester erwachsen – und denken sich als Physiker und Clownin alles Mögliche aus, Datenbanken, Schachspiele, Slapsticknummern, Musikinstrumente. Meine Freundin freut sich über ihre Kreativität. Das mit dem Aufräumen würde sie heute vielleicht anders machen.

Klammer zu.

In seinem *Leitfaden für faule Eltern* – ein Buch, dessen Lektüre Eltern wie Kinderlosen Spaß machen kann – fasst Tom Hodgkinson das Dilemma zusammen:

> Ständige Beschäftigung ist die Geißel der modernen Kindheit. »Gebt ihnen was zu tun« – in diesem Satz finden wir unsere Einstellung zur Kindheit, ja zum Leben im Allgemeinen zusammengefasst. Gebt ihnen etwas zu tun, damit sie nicht auf dumme Gedanken kommen.

Ich weiß nicht, ob der 1968 in Newcastle geborene Tom Hodgkinson sich eingehender mit Goethe beschäftigt hat. Dafür weiß ich, dass er ein *Ukulele Handbook* veröffentlicht hat. In jedem Fall ist dieses »Gebt ihnen was zu tun« das Totschlagargument gegen Goethes Mutter der Musen: Mit möglicherweise stupider Beschäftigung wird der Musenkuss vertrieben. Die meisten Angebote von Eltern an ihre über Langeweile klagenden Kinder werden erfahrungsgemäß als »noch langweiliger« abgeschmettert. Bis dann für die zur Verfügung stehende Zeit eine Gestaltungsform gefunden wird, die dem Kind gefällt. Den Eltern in einigen Fällen nicht – und um das zu vermeiden, so Tom Hodgkinson, sperren viele ihre Kinder in »organisierter Beschäftigung« ein. Denn ohne ungewollten Zeitluxus keine Langeweile und kein Musenkuss. Was gut ist, könnte man meinen: Keine Filzstiftgemälde auf Badfliesen, keine in der Mikrowelle getrockneten Mützen, kein Schleim aus Peel-off-Maske, Rasierschaum, Natron und Lebensmittelfarbe. Kein Roboter aus einer alten Müslipackung, kein selbstgemaltes Buch über vier Maulwürfe, die von einem Suppenhelden vor einer Gruppe fieser Ochsen gerettet werden. Und kein heimlich mit Mutters Kamera gedrehter Film über einen Kampf zwischen König Artus und Julius Caesar.

Sie sehen: Das wäre dann doch ziemlich tragisch.

Und wo gegenzuhalten sich lohnt. Das hat, wie bereits erwähnt, auch Friedrich Nietzsche getan, der Wort gewordene Widerspruch, der für Langeweile einiges übrig hatte. Obwohl er Goethe an anderer Stelle als »Zwischenfall ohne Folgen in der Geschichte der Deutschen« bezeichnet, hat er für seine *Fröhliche Wissenschaft* dessen Epigrammstil (siehe S. 42 f.) geborgt: Das Buch beginnt mit kleinen kurzen weisen Gedichten – »Ich kenne mancher Menschen Sinn und weiß nicht, wer ich selber bin!«

Langeweile setzt Nietzsche ins Verhältnis zu Arbeit. Arbeit ist der Weg zum Ziel, das Ziel ist der Lohn. Deswegen wollen alle Arbeit – manche aber nehmen nur die, die für sie mit Lust verbunden ist. Zu denjenigen, bei denen Lust verschaffende Arbeit das Ziel ist, gehören »die Künstler und Kontemplativen aller Art, aber auch schon jene Müßiggänger, die ihr Leben auf der Jagd, auf Reisen oder in Liebeshändeln und Abenteuern zubringen«. Diese Menschen fürchten die Langeweile nicht, ganz im Gegenteil, sie begrüßen sie:

> Für den Denker und für alle empfindsame Geister ist Langeweile jene unangenehme »Windstille« der Seele, welche der glücklichen Fahrt und den lustigen Winden vorangeht; er muss sie ertragen, muss ihre Wirkung bei sich *abwarten – das* gerade ist es, was die geringeren Naturen durchaus nicht von sich erlangen können!
>
> Langeweile auf jede Weise von sich scheuchen ist gemein: wie Arbeiten ohne Lust gemein ist.

Nietzsche kommt schon ganz schön arrogant daher mit seiner Elitevorstellung von gelangweilten Kreativen, die ohne Stillstand nichts schaffen können, weil es gemein, banal, durchschnittlich ist. Aber ich finde, dass er Recht hat, und das nicht nur auf Philosophen und Denkende bezogen. Dass Nietzsche sich mit solchen Sätzen ein Denkmal schuf und sich zugleich für alle Ewigkeiten bemitleiden lässt, liegt auf der Hand: Hat er doch immer wieder betont, dass er sein ganzes Werk mit ganzem Leib und Leben geschrieben, dass er das, was er geschrieben hat, selbst gelebt hat. Was anscheinend eine rechte Plackerei war. So liegt der Wert seiner Überlegungen »im Einssein von Denken und Leben«, wie Karl Jaspers das in seinem Nietzsche-Buch beschrieben hat.

Dass sie nicht nur namhafte Philosophen betrifft, diese Notwendigkeit der »›Windstille‹ der Seele«, sondern ebenso Erika Mustermann und Otto Normalbürger, das bestätigen verschiedene Untersuchungen, denen zufolge Personen, die sich zuerst gelangweilt haben, eine ungewöhnliche Aufgabe, für die Kreativität und Eigeninitiative erforderlich ist, besser erfüllen als andere.

Die Langeweile-Familie (Liste 1.8)

- sprachhistorisch wird aus »lange« und »Weile« im 18. Jahrhundert ein neues Wort gebildet: »*lange Weile«
- aus dem englischen »bore« entwickelt sich »boredom«
- macht den Mensch zum Menschen und unterscheidet ihn vom Tier
- hilft nach Johann Wolfgang von Goethe in kreativer Not als »Mutter der Musen«
- steht Dichtern und Denkern zur Verfügung

Fortsetzung folgt

In ihrer Studie brachten Karen Gasper und Brianna Middlewood von der Pennsylvania State University ihre Forschungsgruppe erst mal mit extra angefertigten Videofilmchen in unterschiedliche Stimmungen zwischen Langeweile, Jubel und Kummer. Dann sollten zwei Kreativaufgaben erledigt werden: Im »Remote Associates Test«, dem »Wort-Assoziations-Test«, gab es drei Begriffe, die durch einen vierten miteinander verbunden werden sollten. In der zweiten Aufgabe sollten Beispiele für eine Kategorie genannt werden. Diejenigen, die zuerst durch Videofilmchen gelangweilt wurden, haben deutlich bessere Testergebnisse erzielt als diejenigen, die vor den Tests entspannt, in Jubelstimmung oder bekümmert wurden. Langeweile, so Karen Gasper, wirke sich ähnlich aus wie Freude oder Aufregung: Wir versuchen, etwas zu erreichen, das – in diesem Fall – von größerer Bedeutung ist oder interessanter. Weil Langeweile uns zeigt, dass wir uns in einer mangelhaften Situation befinden, werden wir ermuntert, nach anderen Sachen oder Reizen Ausschau zu halten. Ähnlich positive Ergebnisse erhielten Sandi Mann und Rebekah Cadman von der University of Central Lancashire in zwei Testreihen: 80 Teilnehmende sollten sich überlegen, was man mit Plastiktassen alles machen könnte. Diejenigen, die zuvor Nummern aus einem Telefonbuch abschreiben oder lesen mussten (um möglichst gelangweilt zu sein), hatten deutlich kreativere Ideen als die anderen.

Langeweile schürt das Feuer unserer Kreativität – daneben hilft sie uns auch jenseits der schöpferischen Tätigkeiten: Wir halten kurz inne, um dann durchzustarten. Demnach ist öder Stillstand nicht nur ganz erholsam, sondern zudem ziemlich nützlich. Das wissen Forschende aus der Verhaltensbiologie und das wusste auch Johann Wolfgang von Goethe vor rund 200 Jahren: Er hat sich für den Stillstand ausgesprochen, und zwar in *Faust* – bereits in der ersten Episode der Tragödie, erschienen 1808. Sie erinnern sich sicher an die Geschichte: Der alte Gelehrte Heinrich Faust ist deprimiert und in höchstem Maße suizidgefährdet, weil er einfach keine Erkenntnis erlangen kann über das, »was die Welt im Innersten zusammenhält«, trotz lebenslangen Forschens. Da kommt der Teufel daher und bietet ihm einen Deal an: Einblick in das ganze Universum. Als Gegenleistung will der Teufel Fausts Seele, was er aber unter einer Bedingung versteckt: Erst dann, wenn Faust sich wünscht, die Zeit stünde still, hat er verloren.

FAUST. Werd ich beruhigt je mich auf ein Faulbett legen,
So sei es gleich um mich getan!
Kannst du mich schmeichelnd je belügen,
Dass ich mir selbst gefallen mag,
Kannst du mich mit Genuss betrügen –
Das sei für mich der letzte Tag!
Die Wette biet ich!
MEPHISTOPHELES. Topp!
FAUST. Und Schlag auf Schlag!
Werd ich zum Augenblicke sagen:
Verweile doch! du bist so schön!
Dann magst du mich in Fesseln schlagen,
Dann will ich gern zugrunde gehn!
Dann mag die Totenglocke schallen,
Dann bist du deines Dienstes frei,
Die Uhr mag stehn, der Zeiger fallen,
Es sei die Zeit für mich vorbei!

Dass Faust mit diesem Pakt unaufhaltsam ins Unglück rennt und dabei auch andere ins Verderben reißt, nun, das ahnen wir schon am Anfang. Und dann kommt es, wie es kommen muss: Faust »reißt« ein Mädel auf, die minderjährige Margarete, sie wird schwanger, Mutter, Kindsmörderin – und zum Tode Ver-

In ihrem Buch *Machonomics* schreibt die Journalistin Katrine Marçal über die Betonung der männlichen Sichtweise unserer heute gültigen Ökonomie, die auf Adam Smith zurückgeht: Er entwarf in seinem Hauptwerk *Der Wohlstand der Nationen* (erschienen 1776, kurz vor der Unabhängigkeitserklärung der USA, zwei Jahre nach Goethes *Werther*) die Welt eines Mannes ohne offensichtliche Bindungen, dessen rein egoistische Bedürfnisse von einem freien Markt gestillt werden. Die Smith'sche Grundidee ist bekannt: Der Eigennutz der Einzelnen trägt zum Wohl der Gesamtgesellschaft bei. So will der Bäcker eigentlich nur sein Brot verkaufen, stillt dabei aber gleichzeitig das Nahrungsbedürfnis des Hungrigen, der in eine Bäckerei geht. Diesen Mann verkörpert Goethes Faust, so Marçal in Bezug auf den Schweizer Wirtschaftswissenschaftler Hans Christoph Binswanger: Faust versucht, mithilfe der Wissenschaften die Natur zu unterjochen, er will ein neues ökonomisches Reich, »Freiheit und Reichtum, Wonnen und Wissen«.

urteilte im Kerker. Daraus versucht Faust sie zu retten, doch sie will nicht mehr, legt ihr Leben lieber in Gottes Hand als in die des Ex-Geliebten, neben dem sich Mephisto befindet.

Wenn Gretchen am Ende der Tragödie schließlich ihr »Heinrich! Mir graut's vor dir« ausspricht und stirbt, verschwindet Faust, Hand in Hand mit seinem ganz persönlichen Teufel. Faust wollte bleiben, der Teufel hat ihn weggezerrt »Heinrich! Heinrich«, ist dann noch eine Stimme zu hören – so Gott will die Hoffnung auf göttliche Erlösung? Na, es gibt ja noch Teil zwei dieser Tragödie.

Es ist bekannt, dass Goethe die Schriften des schottischen Ökonomen Adam Smith (1723–1790), des Erfinders der Marktökonomie, des Mannes, der den Kapitalismus, wie wir ihn heute kennen, neugeboren in die Wiege legte, genau studierte – und das nicht nur aus Privatvergnügen: Er war am Weimarer Hof Minister für Wirtschaftsfragen, als die industrielle Revolution gerade begann.

Auf teuflischem Wege bringt Goethes Mephisto die Menschen dazu, sich zu »übereilen«, dem Stillstand zu entsagen. Im zweiten Teil der Faust-Tragödie hilft er dem Kaiser aus finanziellen Nöten mit der vermeintlich unbestechlichen Logik nach dem Motto »Du hast kein Geld mehr, dann mach dir einfach neues«, was zu Inflation führt. Aufgrund solcher kritischen Darstellungen – als Minister riet Goethe Herzog Carl August von Sachsen-Weimar-Eisenach von der Einführung des Papiergelds ab – durfte das Manuskript von *Faust II* erst posthum veröffentlicht werden. Voller Abscheu vor der Langsamkeit lässt Faust sich auf ein Schneller und Mehr ein, das Karl Marx später als kapitalistische Produktionsweise kritisierte. All das nannte Goethe »veloziferisch«, eine Zusammenführung des lateinischen »velocitas«, die Schnelligkeit, und dem gefallenen Engel und späteren Teufel »Luzifer«:

> Für das größte Unheil unserer Zeit, die nichts reif werden lässt, muss ich halten, dass man im nächsten Augenblick den vorhergehenden verspeist, den Tag im Tage vertut, und so immer aus der Hand in den Mund lebt, ohne irgend etwas vor sich zu bringen. Haben wir doch schon Blätter für sämtliche Tageszeiten, ein guter Kopf könnte wohl noch Eins und das Andere interpolieren. Dadurch wird alles, was ein jeder tut, treibt, dichtet, ja, was er vorhat, ins Öffent-

liche geschleppt. Niemand darf sich freuen oder leiden, als zum Zeitvertreib der Übrigen; und so springt's von Haus zu Haus, von Stadt zu Stadt, von Reich zu Reich und zuletzt von Weltteil zu Weltteil, alles veloziferisch.

Das schrieb Goethe 1825 wohl in einem nie abgeschickten Brief an den Berliner Oberregierungsrat Georg Heinrich Ludwig Nicolovius, seinen Großneffen. Auch in anderen Briefen, etwa 1826 an seinen Freund Carl Friedrich Zelter, taucht dieses Wort, »veloziferisch«, auf: ein treffender Begriff für den Zeitgeist der Moderne, der knapp zweihundert Jahre später nichts an Gültigkeit verloren hat.

Klammer auf:

Was ich weder im Leistungskurs Deutsch noch im Studium der Neueren Deutschen Literaturwissenschaft verstanden habe, sondern erst in der sogenannten Rush hour meines Lebens, als ich aufgrund der unmöglichen Vereinbarkeit von Beruf und Familie unter Zeitnot litt und an einem Putztag die *Faust*-Ecke in meinem Bücherregal in Höchstgeschwindigkeit abstaubte, das ist die Kapitalismuskritik in diesem Werk.

So gesehen habe ich – und wahrscheinlich auch Sie – mit dem Antihelden Faust, der sein Leben dem Schaffen, dem Streben, dem Ackern, dem Erwerbstätigsein widmet und eben bloß nicht dem Stillstand, als durchschnittliche Deutsche mehr gemein als uns allen lieb ist.

Klammer zu.

Die Langeweile-Familie (Liste 1.9)

- fördert Kreativität
- verwandt mit: Erholung
- ist im Kapitalismus nicht wohl gelitten
- steht entgegen der Idee der Beschleunigung
- entspricht nicht: »veloziferisch« nach Johann Wolfgang von Goethe

Fortsetzung folgt

Über den Stillstand

Von Rosas Wunsch nach Entschleunigung über Burnouts und Polytasking zu Haushofers Zeittotschlag in *Die Wand*

Wir lassen nicht ab vom ewigen Erreichbarsein, engagieren uns hier und verpflichten uns dort. Pflichtbewusst lesen wir die Büro-E-Mails auch im Urlaub auf Mallorca. Obwohl das WLAN in der Finca nur unzuverlässig ist. Wir sind Getriebene, weil niemals alle To-dos auf unseren Listen abgearbeitet sind, weil niemals alle Mails gelesen werden können, weil stets noch irgendein Rückruf getätigt werden muss und weil aus To-dos niemals Have-dones werden. Kurz: Wir sind Opfer der Beschleunigung.

Jetzt möchten Sie wahrscheinlich etwas über ein Lösungskonzept lesen, und da kommt uns die »Entschleunigung« gerade recht: Wir müssen lernen, weniger und eventuell auch in gemäßigterem Tempo zu arbeiten, zu sprechen, zu leben, zu handeln. Über Entschleunigung reden wir schon lange, spätestens seit dem Buch *Beschleunigung* des Jenaer Soziologen und Politikwissenschaftlers Hartmut Rosa, erschienen 2005. Im Folgewerk *Beschleunigung und Entfremdung* formulierte Rosa 2013 eine klare Kapitalismuskritik: Angetrieben durch Motoren wie »Wettbewerb« oder »die Verheißung der Ewigkeit«

Der US-amerikanische Psychologe und Anthropologe Jack Stuster erforscht, was mit Menschen passiert, die nicht nur in totaler Isolation, sondern dazu noch in der Schwerelosigkeit leben: Astronauten und Astronautinnen. *Behavioral Issues Associated with Isolation and Confinement. Review and Analysis of Astronaut Journals* oder einfach *Journals*, heißt seine Langzeitstudie, in der er die Tagebuchaufzeichnungen von Menschen auf der International Space Station (ISS) 2003–2016 untersucht. Stuster kennt sich aus, sein Buch *Bold Endeavors – Lessons from Polar and Space exploration* gehört zum Standardwerk von Space-Reisenden. Neben der Tatsache, dass auf der ISS am liebsten Tortillas gegessen werden (die im Gegensatz zu Erbsen gut zu greifen sind und nicht einfach davonfliegen), erfahren wir aus den veröffentlichten Tagebüchern, dass Langeweile der größte Feind der Entdecker ist. Das bestätigt Jack Stuster ebenfalls hinsichtlich der Polarfahrer: Roald Amundsen zum Beispiel nahm für seine Reise in die Nordwestpassage 1903 keine Taschenmesser mit, sondern Material, um sie selbst zu bauen – als Beschäftigungstherapie. Auf der ISS war das früher ähnlich: Anfänglich ging es viel um Instandhaltung und Inventur, also um das Auswechseln und Zählen von Glühbirnen (was dort oben ganz schön kompliziert ist). Heute ist die Arbeitsbelastung deutlich höher, so dass kaum Langeweile, und damit verbunden Frustration, aufkommen kann.

(dahinter steckt die Idee, wer schneller lebt, hat mehr Lebenszeit zur Verfügung), befinden wir uns in einem Beschleunigungszirkel, aus dem wir kaum entkommen können.

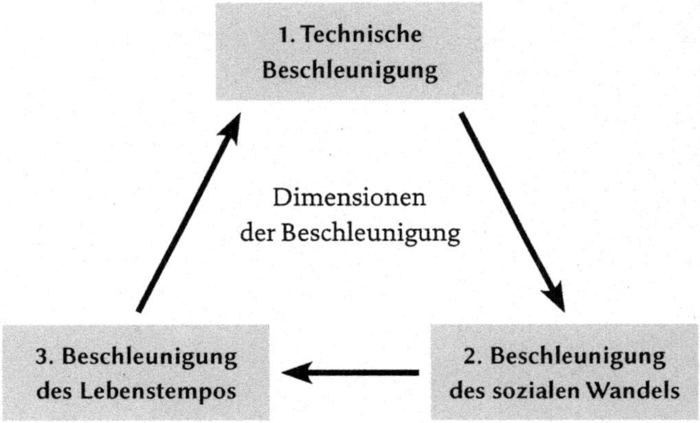

Beschleunigungszirkel nach Hartmut Rosa

Dass bloßes »Entschleunigen« aber nicht der Ausweg per se ist, schreibt Rosa in seinem jüngsten Werk »Resonanz«. Was er damit meint, macht er in einem Interview mit dem Deutschlandfunk deutlich:

> Ich hatte ja lange über Zeit und Zeitverhältnisse nachgedacht und mir auch überlegt, was meinen eigentlich Menschen, wenn sie von Entschleunigung reden oder darauf hoffen oder gar davon schwärmen oder wenn sie sagen, wir müssen mal innehalten. Da geht es nämlich, glaube ich, gar nicht um Langsamkeit per se. Kaum jemand findet Langsamsein als Selbstzweck gut, aber es geht darum, auf eine andere Weise in der Welt zu sein, auf eine andere Weise in Verbindung zu treten mit anderen Menschen, zum Beispiel auch mit unserer Arbeit und mit unserem Körper oder mit der Natur da draußen. Ich wollte mir außerdem die ver-

schiedenen Weisen angucken, die Modi, mit denen wir mit der Welt in Beziehung treten können. Und da ist mir eben aufgefallen, dass wenn wir im Alltagsbewältigungsverzweiflungsmodus sozusagen durch die Welt hetzen, dann kommt es eben zu einer Art von Stillstehen der Schwingung, weil wir schnell und effizient Dinge instrumentell handhaben müssen. Und vielleicht können wir einen Samstagmorgen nutzen, um auf eine andere Weise uns selbst und die Welt zu erfahren. Und dafür habe ich dann versucht, den Resonanzbegriff einzubringen.

Ein einfaches Stillstehen reicht also nicht aus – das wäre dann doch zu einfach gewesen, quasi ein Austricksen: Ich fahr mal kurz rechts ran, tippe fünfmal »Ich soll mich mehr langweilen« in die Notizzettel-App meines Smartphones und weiter geht's. In unserer Mentalität des »Ich hake meine To-do-Liste ab« möchten wir das zwar gerne – aber diese »Erlösung« verschließt sich uns. Der Soziologe Hartmut Rosa nimmt sich da selbst nicht aus, er berichtet im Deutschlandfunk auch, dass er sich seinen Studierenden im Gespräch nicht öffnen oder eine richtige Begegnung anstreben möchte, sondern dass er in der Sprechstunde versucht, ganz schnell eine Lösung zu präsentieren. Um endlich weiterzukommen. Noch schneller. Weiter.

Klammer auf:

Wenn wir über Langeweile nachdenken, müssen wir unbedingt auch über Smartphones nachdenken. Sie hätten die Langeweile abgeschafft, habe ich häufig gelesen, und sie haben uns süchtig gemacht, auch: 88 Mal am Tag schalten wir unser Smartphone ein, hat eine Bonner Forschungsgruppe mit dem »Mental-

Balance«-Projekt herausgefunden, die über eine App das Verhalten von rund 60 000 Menschen beobachtet hat. Mit Alexander Markowetz, Leiter des Teams, habe ich vor einiger Zeit telefoniert. Er erklärte mir, dass unsere tägliche Smartphone-Nutzung zum »Digitalen Burnout« führen kann, darüber hat er auch ein Buch geschrieben. Wir unterbrechen ständig unser Tun (oder Nicht-Tun), um das Smartphone anzuschalten: Für die Uhrzeit, den Kalender, eine neue Nachricht, das Internet oder eine App. Und natürlich schalten wir vor allem dann an, wenn der Grauschleier der Langeweile am Horizont erscheint. Dass damit nicht nur Glück einhergeht, sondern in manchen Fällen Depression, Smartphonesucht oder kommunikative Isolation, wenn nur noch gewischt, aber nie mehr gesprochen wird, wissen wir inzwischen auch.

Trotzdem lassen wir uns – Sie unter Umständen genauso wie ich – mit billigsten Tricks aus der Behaviorismus-Mottenkiste zu Smartphonejunkies machen, um bloß nie nichts zu tun zu haben. Behaviorismus meint den Zusammenhang von Reiz und Reaktion, wobei das Gehirn von Menschen – und Tieren – gerne als eine Black Box angesehen wird, in der irgendwas passiert, wie, warum und von was bewegt, ist aber vernachlässigenswert: Auf das Ergebnis kommt es an. So testete B. F. Skinner, US-amerikanischer Psychologe, in den fünfziger Jahren das Verhalten von Ratten, die, gefangen in einem Käfig, gerne Hebel betätigten, wenn sie darüber Futter erhielten. Wir können freien Willen und Bewusstsein vergessen, meinte Skinner damals, unser ganzes Sein ist nur eine Abfolge von Reiz und Reaktion. Diese behaviouristische These wird heute belächelt und gilt als überholt – trifft aber auf einen Großteil unseres Onlineverhaltens zu. Nur kurz schauen, ob bei Facebook was los ist. Nur kurz checken, ob es neue Gutscheine bei Payback gibt. Nur kurz nur kurz nur kurz – und schon ist wieder ein Zeitraum mit vermeintlich nützlichen Aktivitäten gefüllt worden.

Darf ich Ihnen ein Geheimnis verraten? Ich bin nicht bei Facebook und war es auch nie. Weil ich mich wenigstens einmal von einem gefangenen Nagetier unterscheiden möchte, freien Willens, trotz der Tatsache, dass ich bestimmt jede Menge Entertainment verpasse.

Klammer zu.

Die Langeweile-Familie (Liste 1.10)

- verwandt mit: Entschleunigung nach Hartmut Rosa
- verwandt mit: Langsamkeit
- ist mit dem Einzug der Smartphones in unseren Leben nicht ausgestorben

Fortsetzung folgt

Sie sehen es in der Liste, Langeweile ist verwandt mit Langsamkeit – es gibt aber durchaus »schnelle« Dinge, die trotzdem als langweilig erachtet werden können. Ich zum Beispiel finde Formel-Eins-Rennen im Fernsehen sehr langweilig. Manche Sportübungen, die Schnelligkeit trainieren sollen, oder Fingerübungen auf dem Klavier, mit denen die Geläufigkeit verbessert werden soll, können öde sein. Die beim Trainieren empfundene Langeweile hat oft mit Müdigkeit und fehlender Konzentration zu tun, so wird die geleistete Übungszeit von strengen Trainern und Lehrern als »Das nützt nichts!« abgetan. Hier ist die Langeweile also wieder ein Indikator für ein Problem.

Zu den Menschen, die mit Sicherheit sehr wenig unter

»Staff Burn-Out« – unter dieser Überschrift veröffentlicht der deutsch-amerikanische Psychologe Herbert Freudenberger 1974 zum ersten Mal einen wissenschaftlichen Artikel zum Thema »Burnout-Syndrom«. Darin beschreibt er, dass der Begriff schon länger unter den ehrenamtlichen Mitarbeitern in einer »Free Clinic« die Runde machte, und dass er selbst bereits an einem Burnout gelitten hätte: »Versagen, auslaugen oder erschöpft sein, weil exzessive Anforderungen an Energie, Stärke oder Ressourcen gestellt werden« – das, was im Lexikon steht, entspricht dem Empfinden eines solchen Burnouts. In den Siebzigern wird ein Burnout zumeist als Reaktion auf Stress im Beruf beschrieben, die vor allem diejenigen anzeigen, die mit Menschen in Krisensituationen zu tun haben – wie der Arzt Freudenberger und dessen Kolleginnen und Kollegen. In den Neunzigern wurden Burnouts auch in anderen Berufsgruppen festgestellt, heute können alle darunter leiden, sogar die Allerreichsten unter den Reichsten aus dem privatwirtschaftlichen Management. »Eine Modekrankheit«, kritisieren nicht wenige die Diagnose, die eine darunter liegende Depression verdecken kann.

Langeweile leiden, gehören alleinerziehende Mütter oder Menschen in sogenannten »Working-poor«-Familien, also Familien, die trotz Erwerbsarbeit an oder unterhalb der Armutsschwelle leben. Von »erschöpften EinzelkämpferInnen«, die häufig »ausgebrannt und überarbeitet« sind, hat mir Karin Jurczyk berichtet, eine promovierte Soziologin, die seit Jahren die Abteilung Familie und Familienpolitik des Deutschen Jugendinstituts in München leitet. Zwischen Bücher- und

Aktenstapeln hatte sie einen kleinen Tisch mit Teetassen gedeckt und mir viele Studien gezeigt. Alleinerziehende – die in den meisten Fällen Mütter sind – rutschen deshalb sehr häufig in massive Erschöpfungs- oder Burnout-Zustände hinein, weil sie unter dem immensen Druck stehen, Geld zu verdienen und dabei häufig die Sorge für sich selber vernachlässigen. Die Beschleunigung – über die auch Hartmut Rosa schreibt –, all das Gehetztsein und der Druck, ganz viel ganz schnell und möglichst gleichzeitig zu erledigen. Das ist heute ein kulturelles Phänomen, also etwas Strukturelles und nicht wie viele meinen, ein individuelles Scheitern.

So ist es nicht verwunderlich, dass die wertvollsten Mitglieder unserer Gesellschaft permanent beschäftigt sind, und zwar mit möglichst vielen Dingen gleichzeitig, merkte Karin Jurczyk an. Polytasking wird das genannt. Damit wir jetzt nicht über Angela Merkel nachdenken müssen, die angeblich während einer Rede auch ein Telefonat führen kann – sie nennt das den »double track« machen: weiterreden und gleichzeitig telefonieren – wechseln wir einfach die Branche. Wenn Billie Joe Armstrong (ich weiß nicht, wie hoch sein Wert für unsere Gesellschaft in Ihren Augen ist – ich finde die Musik seiner Band Green Day ziemlich gut) auf der Bühne gleichzeitig singt, Gitarre spielt und seine schwarz geschminkten Augen rollt, macht er nicht nur drei Sachen parallel (das wäre Multitasking), nein, diese drei Sachen dienen einem gemeinsamen Ziel: Das Publikum soll unterhalten werden. Und sich unter keinen Umständen langweilen. It's polytasking, stupid!

Polytasking wird heute im Alltag von uns allen erwartet, denn es reicht nicht mehr aus, gleichzeitig Grießbrei zu kochen, das Handy zwischen Ohr und Schulter eingeklemmt zu haben und in einem Callcenter auf den nächsten freien Platz zu

It's polytasking, stupid! Billy Joe Armstrong auf der Bühne.

warten, während der Fernseher läuft: Wir müssen ständig mehrere Dinge gleichzeitig tun, das große Ziel immer vor Augen: Wir müssen uns optimieren.

Klammer auf:

Vor einiger Zeit war ich auf einer »Tupperware-Party«. Es ging aber gar nicht um Aufbewahrungsdosen aus Plastik, sondern um den Superkochtopf eines Wuppertaler Unternehmens. Zu einem der vielen Vorzüge dieses Geräts gehört, dass ich, während das Gerät den Grießbrei für meine Kinder selbstständig erhitzt, kocht, umrührt und nicht anbrennt, Zeit für etwas anderes habe: die Kinder vom Kindergarten abholen etwa oder ein Telefonat führen.

Klammer zu.

Mit Sicherheit ist Ihnen das auch schon aufgefallen, dass Sie früher bei ihren täglichen Verrichtungen weniger technische Hilfe hatten als heute. Sie aber heute trotzdem nicht weniger beschäftigt sind. Hartmut Rosa beschreibt das sehr gut.

> Nehmen wir an, dass das Schreiben einer E-Mail etwa doppelt so schnell geht wie das Schreiben eines konventionellen Briefs. Nehmen wir weiterhin an, dass Sie 1990 durchschnittlich zehn Briefe pro Arbeitstag geschrieben und erhalten haben, für die Sie insgesamt zwei Arbeitsstunden benötigten. Mit der Einführung der neuen Technologie würden Sie nur noch eine Stunde benötigen, wenn die Zahl der gesendeten und erhaltenen Nachrichten konstant bliebe. Dann hätten Sie eine Stunde an ›freier Zeit‹ gewonnen. Ich vermute jedoch, dass Sie inzwischen 40, 50 oder gar 70 E-Mails pro Tag lesen und schreiben. Daher benötigen Sie weitaus mehr Zeit für Kommunikation als vor der Erfindung des Internets.

Diese Beschleunigung wirkt sich nicht nur auf unser Arbeitspensum aus, sondern auch auf unsere Fähigkeit, Informationen aufzunehmen. Als ich in den späten Neunzigern angefangen habe, für den Hörfunk zu arbeiten, konnte ein durchschnittlicher Beitrag zum Beispiel über ein neues Buch schon mal fünf, sechs Minuten dauern. Heute ist das anders. Dreieinhalb Minuten sind die Regel, bei vielen Sendern eher zweieinhalb oder zwei Minuten. Ich erinnere mich an ein Gespräch mit Sigmar Gabriel und Manuela Schwesig vor Jahren, die sich nicht wirklich beklagten, aber doch unzufrieden zeigten, dass ihre fachliche Expertise von rasenden Reporterinnen und Reportern auf Wenige-Sekunden-Statements eingedampft werden würde, die dann – aus dem Zusammenhang gerissen und somit oftmals nicht korrekt – um die ganze Welt gingen. Jemandem zuhören, das ist irgendwie langweilig geworden. Das bestätigt die Kulturwissenschaftlerin Aleida Assmann in ihrem Buch *Ist die Zeit aus den Fugen?*, das 2013 erschien:

> 17 Sekunden verweilt ein Besucher durchschnittlich in einem Museum vor einem Bild, weshalb man diese Form der Kontemplation, der Betrachtung, auch ironisch als ein ›Weglaufen von Bildern‹ beschrieben hat. Um die Besucher zu ›fesseln‹, werden sie mit Audioguides ausgerüstet, was ihre Gegenwart vor dem Bild deutlich verlängert. Die sich ständig verkürzende Aufmerksamkeitsspanne, das Weglaufen vor Bildern, Tönen, Worten und Informationen, ist zu einem allgemeinen Problem unserer Kultur geworden.

Diese sich ständig verkürzende Aufmerksamkeitsspanne erleben wir noch in einem anderen Bereich – unserem Privatleben. Haben Sie schon mal jemanden über Dating-Apps wie Tinder kennengelernt? Nun, daran ist nichts Schlechtes: Aufgrund der großen Mobilität und Flexibilität, der wir uns neben der ganzen Beschleunigung unterwerfen, ist es einfach ziemlich kompliziert, jemanden kennenzulernen. Neben der Arbeit, dem Leben mit Kindern, womöglich der Pflege von Angehörigen und so weiter – wer hat da noch die Zeit, sich mit einer Zeitung ins Café zu setzen und darauf zu warten, dass »Er« oder »Sie« vorbeikommt? Ich habe mit der Publizistin und Politologin Antje Schrupp über die Kultur von Dating-Apps gesprochen:

> Wir leben nun mal in dieser Kultur der Konkurrenz, wo das Liebespartnerfinden nicht mit der Person, die mich anzieht,

gleichgesetzt wird, sondern mit dem bestmöglichen »Match«. Und hier habe ich die Möglichkeit, mir die Leute erst mal anzugucken, ohne zu denken: »Sitzt alles, wie sehe ich aus, welchen Eindruck mache ich jetzt?« Indem dieser Stress etwas abgemildert wird, kann es dazu führen, dass Menschen sich ein bisschen öffnen, sich ein bisschen darauf einlassen, andere Menschen anzuschauen.

So stelle ich mir die Resonanz vor, die Hartmut Rosa sich wünscht: ein Verharren, ein Stillstehen, eine Bereitschaft, sich auf etwas oder auf jemanden einzulassen. Wenigstens für einen kurzen Moment.

Die Langeweile-Familie (Liste 1.11)

- entspricht nicht: den »double track« machen nach Angela Merkel
- entspricht nicht: »polytasking«
- verwandt mit: frei zur Verfügung stehender Zeit

Fortsetzung folgt

Wenn ich hier schreibe, dass ich mich im Krankenhaus nicht gelangweilt habe, und doch zur selben Zeit die Langeweile genossen habe, nun dann meine ich, dass die Krankheit es mir ermöglicht hat, stillzustehen. Dass ich den Stillstand genutzt habe zum Lesen – ich habe neben Wolf-Haas-Krimis, dem neuen Roman von Juli Zeh und diversen Zeitungen auch eine 1000-seitige Paul-McCartney-Biografie, den fünften Harry-Potter-Band und jede Menge berufliche E-Mails gelesen. Was mich gestresst hat, war, dass ich das letzte Buch zu Ende lesen wollte, während die letzte Infusionslösung langsam in meine

Vene tropfte. Wir sind dann in der Tat zeitgleich ins Ziel gekommen.

Ich, Sie, Hartmut Rosa, wir alle haben wir uns auf den Pakt mit dem Teufel eingelassen, uns mit Zeitnot infiziert – und begehren nicht auf. Nun ja, eben viel zu selten.

Es gibt einen Roman der österreichischen Schriftstellerin Marlen Haushofer, der ein passives Aufbegehren zeigt: *Die Wand* aus dem Jahr 1963. Das Buch habe ich als Teenager gelesen, damals wurde es als Fortsetzungsroman in der *Süddeutschen Zeitung* abgedruckt, und es ist mir seitdem nicht mehr aus dem Sinn gegangen.

Haushofer erzählt die Geschichte einer Frau, die in Tagebucheinträgen beschreibt, wie sie eines Morgens in einer Berghütte erwacht und feststellt, dass sie durch eine unsichtbare Wand von der Außenwelt abgeschnitten ist. Woher die Wand kommt, und warum jenseits der Wand kein Leben mehr existiert, diese Fragen bleiben offen. Es mag die neue Waffe einer Großmacht sein, vermutet die Frau, aber sicher ist sie nicht. Ziemlich schnell arrangiert sie sich mit ihrer neuen Lebenssituation, zu der Berghütte gehören einige Tiere, Hund, Katze, Kuh, um die sie sich kümmert. Die unsichtbare Wand ist die Grenze zwischen den Toten und den wenigen Lebenden: Das sind die Erzählerin, ihre Tiere und die anderen, wilden Tiere im Bergwald und auf der darüberliegenden Almwiese. Sie alle können die gewaltige, unsichtbare Sperre nicht überwinden. Tote Vögel liegen vor der Wand, einige haben sich die Köpfe blutig gestoßen oder ganz zerschmettert beim Versuch, hindurch zu fliegen; im Hintergrund sind Menschen zu erahnen, sie gleichen den Märchenfiguren in *Dornröschen*, die wegen eines fiesen Zaubers in einen ewigen Schlaf fallen mussten.

Ich habe mich ausführlich mit diesem Buch beschäftigt, habe im Radio eine Sendung dazu gemacht und daneben auf Veranstaltungen, etwa einem Leseclub für Frauen und einem Literaturnachmittag mit Seniorinnen, darüber gesprochen. Immer wieder tauchte die Frage auf, ob dieser zur Einsamkeit gezwungenen Frau dort oben auf der Alm nicht langweilig geworden ist. Nun, das Buch gibt darauf eine klare Antwort: Nein!

> Die Wand hat unter anderem auch die Langeweile getötet. Die Wiesen, Bäume und Flüsse jenseits der Wand können sich nicht langweilen. Mit einem Ruck stand die rasende Trommel still. Dort drüben kann man nur noch den Regen, den Wind und das Knistern der leeren Häuser hören; die verhasste brüllende Stimme ist verstummt. Aber es gibt keinen mehr, der sich an der großen Stille erfreuen kann.

Die große Stille. Der Stillstand der rasenden Trommel. 1963, als Marlen Haushofer diesen Roman veröffentlichte, der sie am wenigsten Mühe gekostet habe, wie sie einmal sagte, gab es noch keine Smartphones, keine WhatsApp-Gruppen; zudem wurde das Wort »Burnout« erst rund zehn Jahre später in seine heutige Bedeutung gebracht.

In einem Sammelband über österreichische Literatur habe ich einen Aufsatz von David Smith gefunden, der über die »Theologie des Mordes« in Marlen Haushofers »Wand« schreibt. Ach ja, den Mord habe ich Ihnen bisher noch vorenthalten: Eines Tages taucht ein Mann auf in der Einsamkeit der Ich-Erzählerin, er ersticht ihren Hund und ihren Stier – daraufhin erschießt sie ihn. Es sind nur wenige Augenblicke, die der Mann tatsächlich anwesend ist, beschrieben wird das Geschehen auf ungefähr einer Buchseite. Seine Gegenwart zieht sich in Form von Andeutungen durch das ganze Buch, das aus Aufzeichnungen besteht, die nach dem Mord gemacht wurden. Und nein, niemals bedauert die Frau, dass sie in ihm keinen Partner gefunden hat bzw. dass sie seine Mörderin ist.

David Smith nun stellt die These auf, dass es bei diesem Mord im übertragenen Sinne um einen Mord an der Zeit geht, an der linearen Weise, wie wir Zeit empfinden, gestern, heute, morgen. Das gefällt mir, denn die Ich-Erzählerin ist in der Tat auf eine sehr unterschwellige Art und Weise rebellisch. Einerseits fügt sie sich ihrem Schicksal, andererseits agiert sie wie ein auf den Kopf gestellter Robinson Crusoe: Statt neue Technologien zu entwickeln in ihrer Einsamkeit und sozusagen eine kleine Industrialisierung zu erwecken, vielleicht mit Strom, der durch Wasserkraft erzeugt werden könnte, entwickelt sie sich zurück. Sie strebt nicht nach mehr, sondern misstraut Geräten wie Armbanduhren oder einem Feuerzeug und genießt es daneben, sich nicht um typische Frauenthemen wie gepflegtes Äußeres und Mode kümmern zu müssen.

> Den größten Teil meines Lebens hatte ich damit zugebracht, mich mit den täglichen Menschensorgen herumzuschlagen. Nun, da ich fast nichts mehr besaß, durfte ich in Frieden auf der Bank sitzen und den Sternen zusehen, wie sie auf dem schwarzen Firmament tanzten.

Dieser »Frieden« hat auch damit zu tun, dass Zeitempfinden wieder von Sonnenlicht, Wetter und Jahreszeit bestimmt wird, dass Geräte wie Armbanduhr oder Feuerzeug kaputt gehen oder verschwinden und dass natürlich Handlungs- und

Denkmuster eher archaisch auf Überleben ausgerichtet werden als auf Fragen nach dem Warum. Die Ich-Erzählerin beschreibt beharrlich und sehr eindringlich, dass mit diesem ganzen Set-up die Gefahr einhergeht, die eigene moderne Menschlichkeit zu verlieren. Und doch erschlägt sie den einzigen Mitmenschen, den einzigen, letzten Mann – und beginnt damit ein neues Zeitalter.

In *Ist die Zeit aus den Fugen?* schreibt Aleida Assmann, dass unsere Beziehung zum Gefüge von Gestern-Heute-Morgen durcheinandergeraten ist: Vergangenheit ist heute eher eine lose Aneinanderreihung historischer Ereignisse, Julius Caesar in Rom, die Berliner Luftbrücke oder Andreas Baader in Stammheim. Eine individuelle Vergangenheit erleben wir kaum mehr – kurze Probe aufs Exempel: Wissen Sie, was Sie letzten Donnerstag zu Mittag gegessen haben? Viele Einträge in den so hoch gelobten Tagebüchern Thomas Manns übrigens haben damit zu tun, wie gut oder schlecht der große Autor geschlafen hat. Details, die viele als »boah, wie langweilig« überblättert hätten, wäre es nicht Thomas Mann, der hier über Zipperlein, Mahlzeiten und unruhigen Schlaf schreibt.

> Sonnabend den 22. V. 37
> Wieder heiter. Wie immer jetzt früh schlaflose ½ 8 Uhr auf. Beendete das Vorwort zu leidlicher Zufriedenheit. 22 Seiten. – Wärme-Behandlung. Dann mit K. im Zoologischen Garten, mit dessen Besichtigung wir meiner Beinschmerzen halber nicht weit gediehen.

Mit Langeweile befasst sich Thomas Mann in seinem Roman *Der Zauberberg*: Darin erzählt er die Geschichte von Hans Castorp aus Hamburg, der sich in einem Sanatorium für Lungenkranke in der Schweiz, in Davos, aufhält. Fast anhaltend liegt Schnee; Zeit wird bedingt durch den streng strukturierten Tagesablauf anders wahrgenommen als jenseits von Davos.

> Was man Langeweile nennt, ist also eigentlich vielmehr eine krankhafte Kurzweiligkeit der Zeit infolge von Monotonie: Große Zeiträume schrumpfen bei ununterbrochener Gleichförmigkeit auf eine das Herz zu Tode erschreckende Weise zusammen; wenn ein Tag wie alle ist, so sind sie alle wie einer; und bei vollkommener Einförmigkeit würde das längste Leben als ganz kurz erlebt werden und unversehens verflogen sein.

Castorp, der eigentlich nur drei Wochen lang seinen Cousin besuchen wollte, bleibt schließlich sieben Jahre in Davos, wo nichts passiert: Menschen kommen und gehen, und alles ist von einem Grauschleier der Gleichförmigkeit zugedeckt. Erst der Ausbruch des Ersten Weltkriegs mobilisiert ihn mit einem »Donnerschlag« – er hastet aus der Bergwelt zurück ins echte Leben. Kugelhagel erwarten ihn.

Der Zauberberg zeigt einen Paradigmenwechsel an, er gehört zur Gattung des modernen »Zeitromans«, ebenso wie James Joyces *Ulysses* oder Virginia Woolfes *Mrs. Dalloway*. Diese Romane – und einige mehr noch, wie etwa *Auf der Suche nach der verlorenen Zeit* von Marcel Proust oder *Zeno Cosini* von Italo Svevo – brachen mit der Tradition des im 19. Jahrhundert weit verbreiteten »Entwicklungsromans«. Sie wollten die Zeit in ihren Romanen nicht mehr an Geschichten von Figuren binden, sondern sie als Strom empfinden lassen, der mal schneller, mal langsamer fließt. Etwas, das im 19. Jahrhundert, etwa in den Romanen von Theodor Fontane, undenkbar gewesen war. Fontane hat in seinen sich entwickelnden Geschichten die ganze Gesellschaft abgebildet, inklusive moralischer Abgründe.

Klammer auf:
»Effi Briest« habe ich in der Schule gelesen, in der Oberstufe, in einem ähnlichen Alter, in dem sich die Hauptfigur zu Beginn der Geschichte befindet. Effi heiratet sehr jung und beginnt aus Mangel an Zerstreuung eine Liebschaft mit Major Crampas. Ich erinnere mich an Sätze wie »Liebe kommt zuerst, aber gleich hinterher kommt Glanz und Ehre, und dann kommt Zerstreuung – ja, Zerstreuung, immer was Neues, immer was, dass ich lachen oder weinen muss.« Es konnte natürlich nicht gut ausgehen mit dieser zerstreuungssüchtigen Frau, die »Langeweile nicht aushalten kann«: Ihr Flirt mit dem Major kommt raus, ihr zorniger Ehemann fordert ihn zum Duell, erschießt Crampas und lässt sich von Effi scheiden. Die stirbt am Ende, und ihre Eltern fragen sich, ob sie nicht letztmöglich schuld sind an dem ganzen Dilemma.
Klammer zu.

Am Ende des 19. Jahrhunderts, zur Erscheinungszeit von Fontanes Roman, der 1894 erst als Fortsetzungsroman in der *Deutschen Rundschau* und dann 1896 als Buch erschien, standen Wandel, Bewegung und vor allem Entwicklung von gestern über heute nach morgen im Zentrum allen Schaffens, Strebens und Denkens. Nicht nur Thomas Mann oder Virginia Woolf wandten sich in ihren Romanen dagegen, auch Friedrich Nietzsche widersprach: Er meinte, dass die Weltgeschichte kein Ziel hätte, weil sie gar kein einheitlicher Prozess sei.

Somit verwehrte er sich obendrein der Idee einer linearen Zeit. Die den Menschen aber als nützliche Konstruktion erscheint – dieser Zeitstrahl von gestern über heute nach morgen ist doch leichter vorzustellen als, nun ja, etwas anderes.

Die Langeweile-Familie (Liste 1.12)

- wird von der *Wand* getötet bei Marlen Haushofer
- verwandt mit: Stille
- verschwindet, wenn Menschen in Einklang mit Natur und Wetter sind
- hat im fortschrittsüchtigen 19. Jahrhundert nichts zu suchen
- verwandt mit: Monotonie
- Gegenteil von: dem »Mythos der Geschichte«
- hat im linearen Zeitstrahl nichts zu suchen

Fortsetzung folgt

Ob Zeitstrahl oder wabernde Wolke, in jedem Fall ist das Gleichgewicht von Vergangenheit, Gegenwart und Zukunft ins Wanken geraten. Wir leben kaum im Hier und Jetzt, sondern springen vom Gestern direkt zum Morgen. Zeit wird von Büro-, Zahnärztin- oder Elternabendterminen strukturiert bzw. über aufwendige Urlaubsreisen geplant. Gerade im Gespräch mit meinen Kindern fällt mir das immer wieder auf: Kommen sie aus der Schule heim, kreisen meine Fragen um Vergangenheit (»Hast du dein Pausenbrot heute gegessen?« oder »Wie lief es in der Matheprobe?«) und Zukunft (»Morgen besuchen wir die Großeltern« oder »Nächsten Donnerstag ist schulfrei!«). Die Gegenwart erwähne ich wenig. Sie wird aber häufig von meinen zeitunabhängigeren Kindern eingefordert (»Ich habe jetzt Hunger und nicht in einer halben Stunde, wenn Papa heimkommt!« oder »Lass uns sofort zum Schreibwarenladen gehen, nicht erst gleich«).

Denke ich an erfolgreiche Serien oder Filme, ist auch hier ein Ungleichgewicht von gestern, heute und morgen zu bemerken. Die Gegenwart spielt – zumindest bei den Produktionen, die ich gerne anschaue – wieder kaum eine Rolle. Aus der Vergangenheit picken wir uns mit aufwändig produzierten Historienserien wie *The Crown* über Queen Elizabeth II. oder *Mad Men* über die Erwerbstätigkeit in den Sixties in den USA die Rosinen heraus. Die Zukunft aber hat an Strahlkraft verloren. Das Morgen, auf das einst einmal alle möglichen Hoffnungen gesetzt wurden, kommt jetzt negativ daher. Nicht nur, dass wir von ständig neuen Dystopien quasi verfolgt werden – ob in tagespolitischem Kontext wie in der Serie *House of Cards* über einen entsetzlich korrupten fiktiven US-Präsidenten, in alternativ-weltgeschichtlicher Hinsicht wie in der Serie *The Man in the High Castle* nach dem Roman von Philip K. Dick, in dem Deutschland den Zweiten Weltkrieg nicht verloren hat und die USA zu einem »Greater Nazi Reich« macht, oder in gesellschaftsbezogener Kritik wie in Margaret Atwoods mehrfach verfilmten Roman *The Handmaid's Tale* über eine Welt, in der Frauen aufgrund von sinkenden Geburtenraten zu Gebärmaschinen degradiert werden. Eine Episode der dystopischen Serie *Black Mirror* zeichnet eine künftige Gesellschaft, in der junge Frauen und Männer dafür entlohnt werden, auf dem Trimmrad zu sitzen und dümmliche Gameshows mit Werbeeinblendungen anzusehen. So wird vielen das Hoffen auf ein gutes, gar besseres Morgen einigermaßen schwer gemacht.

Hatten frühere Blockbuster wie etwa *Independence Day* aus dem Jahr 1996 mit dem US-amerikanischen Schauspieler Will Smith eine Erdbevölkerung gezeigt, die zusammenhält und gemeinsam gegen Aliens kämpft, um den Heimatplaneten zu retten, spielt derselbe Will Smith heute in düsteren Science-Fiction-Filmen wie *I Am Legend* (2007) oder *Bright* (2017) mit, die eine Erde zeigen, auf der sich alle gegenseitig auslöschen, ob aufgrund der Folgen einer Virusinfektion oder aus rassistischen Motiven. Die Happyends wirken in diesen Filmen konstruiert.

Im echten Leben gibt es alarmierende Prognosen darüber, dass die Digitalisierung unsere Arbeitswelt völlig verändern wird, ja, dass viele Berufe einfach verschwinden, dass Vollerwerbstätigkeit ein Auslaufmodell ist und dass niemand weiß, was dann werden wird. Die Angst vor Terroranschlägen auch nach Zerschlagung des IS-Kalifats in Syrien ist anhaltend – und nicht unbegründet. Entgegen der Meinung des amtierenden US-Präsidenten hat der Klimawandel längst begonnen, der Zustand, in dem unsere Enkelkinder diesen Planeten erleben werden, könnte also ein besorgniserregender sein.

Die dunkle Seite der Langeweile

Vom Känguru- und Kinderbuchumgang mit Langeweile über Mansons Family zur Weißen Rechten in den USA und der vermeintlichen Langeweile bei Austen

Kehrt die Langeweile ein in unser Haus, so können den aus ihr geborenen Ideen jede Menge Probleme entspringen: Schon mehrfach habe ich hier auf die »dunkle Seite« der Langeweile hingewiesen, auf die böse Fratze, die sie uns zeigen kann.

> Ich reiße die Tür auf, stolpere durchs Zimmer, kratze an der Tapete, röchle, drehe mich im Kreis, breche auf dem Boden zusammen, zucke spastisch und bleibe dann regungslos liegen.
> »Ist dir langweilig?«, fragt das Känguru.
> »Jahaa«, stöhne ich. »Soooooooo langweilig.«

Vielleicht kennen Sie die *Känguru-Chroniken* von Marc-Uwe Kling, wenn nicht, kann ich sie Ihnen sehr empfehlen. Das Känguru als Gesprächspartner und Mitbewohner des Ich-Erzählers ist Über-Ich und Es zugleich, es moralisiert (als vermeintlicher Kommunist und Antikapitalist) und lebt ohne jede Rücksicht alle Wünsche aus, stopft »Schnapspralinen« in sich hinein und schlägt sich mit Andersdenkenden.

Gegen die oben erwähnte Langeweile macht das Känguru den Vorschlag, ein Detektivbüro zu gründen, einfach so, warum auch nicht. Das erinnert mich sehr an ein Kindheitsideal: Einfach tun, was uns einfällt, nicht immer abwägen, überlegen oder gar lange nachdenken. Einmal bricht das Känguru die eigene Wohnungstür auf, obwohl es einen Schlüssel hat. Dann ruft es die Polizei.

»Man muss die beschäftigt halten«, sagt das Känguru. »Wenn denen langweilig wird, verteilen die Strafzettel an Radfahrer ohne Katzenauge oder machen Jagd auf Kiffer.«

Das klingt natürlich sehr lustig, es zahlt ein auf alle möglichen Vorurteile von »dummen Polizisten«, »armen Hippies« und so weiter – und bestätigt einmal mehr die dunkle Seite der Langeweile.

Klammer auf:

Es gibt einen Schulterschluss hinsichtlich der merkwürdig optimierten Darstellung von Kindheits-Langeweile, die bei vielen Kinderbuch-Role-Models eigentlich nicht existiert (»Fünf Freunde langweilen sich« – oder »Die ??? Kids und die lähmende Langeweile« – unverstellbar!); daneben gibt es jede Menge Kinder-Ratgeber gegen Langeweile, in denen wertvolle Tipps wie »Mit dieser Frage trickst du alle aus!« oder »Mache dir ein Erinnerungsbüchlein aus einem alten Schulheft« stehen.

Wahrscheinlich hat es in Ihrer Kindheit wie in meiner wenigstens einmal den Moment gegeben, in dem Sie sich gelangweilt haben. Und Sie haben das gegenüber Eltern, Großeltern, Lehrerinnen auch geäußert. Die Reaktion auf Ihre Äußerung war wahrscheinlich ein »Mach doch dies oder jenes / ich spiele mit / ich kann jetzt nicht.« Kurz gesagt, haben Sie damals gelernt, dass Langeweile etwas ist, das abgeschaltet werden kann und soll. Unter Umständen haben Sie aber auch gelernt, dass Langeweile etwas ist, aus dem Böses erwachsen kann: »Mal bloß nicht die Wände an / spiel nicht mit dem Taschenmesser / bau keinen Turm aus dem teuren Porzellan – tu nichts Schlechtes aus Langeweile.«

Klammer zu.

Langeweile ist ansteckend. Der dänische Philosoph Sören Kierkegaard hat das 1843 sehr schön und zugleich dramatisch zusammengefasst:

> Die Götter langweilten sich, darum schufen sie die Menschen. Adam langweilte sich, weil er allein war, darum ward Eva erschaffen. Von diesem Augenblick an kam die Langeweile in die Welt, wuchs an Größe in genauer Entsprechung zum Wachstum der Menge des Volks. Adam langweilte sich allein, alsdann langweilten Adam und Eva sich im Verein, alsdann langweilten Adam und Eva und Kain und Abel sich im Familienkreis (en famille), alsdann nahm die Menge des Volks in der Welt zu und langweilte sich en masse.

Aus dieser Perspektive betrachtet sind diejenigen, die angefangen haben mit dem Sichlangweilen, schuld daran, dass sich die Langeweile wie eine Volksseuche – gleich der Pest oder vielleicht auch dem Gähnen ohne Hand vor den Mund – ausgebreitet hat. Und das waren ausgerechnet die Götter, die heute zurückgezogen (War der griechische Olymp pleite?) irgendwo sind und sich kaum mehr einmischen, längst haben sie alles den Menschen übergeben und überlassen.

Und das Schlimmste: Ist uns nicht nur langweilig, sind wir nicht alle schon langweilig?

We were never feeling bored
Cause we were never being boring
We had too much time to find for ourselves
And we were never being boring
We dressed up and fought, then thought: »Make amends«
And we were never holding back or worried that
Time would come to an end

[Wir haben uns niemals gelangweilt gefühlt
Weil wir niemals langweilig waren
Uns stand zu viel Zeit zur Verfügung
Und wir waren niemals langweilig
Wir haben uns herausgeputzt und gekämpft, dann gedacht:
»Macht es besser«
Und wir haben uns nie zurückgehalten oder uns
gesorgt, dass
Die Zeit ein Ende haben könnte]

Alles, aber bloß nicht langweilig! In der Tat bietet der uns bekannte Grauschleier einen Nährboden für Schwierigkeiten, die nicht nur einzelne betreffen können. Dazu möchte ich Ihnen ein Stück zeitgenössische Literatur nahebringen, *The Girls* von der US-amerikanischen Autorin Emma Cline. Der Roman erschien 2016 und sorgte schon vor Erscheinen für Aufsehen: Als Cline zwei Jahre zuvor über ihren Agenten verbreiten ließ, dass sie an einem Roman arbeite, in dem sie die Geschichte der gefährlichen Hippietruppe um Charles Manson zu verarbeiten plane, kam es zu einem Wettbieten. Mehr als zwei Millionen

»Being Boring« ist ein Stück des britischen Popduos Pet Shop Boys, veröffentlicht 1990. Im Text geht es darum, wie sich Werte und Vorstellungen von Menschen mit dem Älterwerden verändern. Der Musiker Neil Tennant meinte, »Being Boring« sei eines der besten Stücke, das er je geschrieben hätte – das sei auch auf seinen persönlichen Bezug dazu zurückzuführen: Eigentlich erzählt der Song die Geschichte eines Freundes, mit dem Tennant als Teenager viel Zeit verbrachte. Sie zogen nach London – Tennant wurde mit den Pet Shop Boys berühmt, der Freund erkrankte und starb schließlich an AIDS.

Dollar wurden dann gezahlt für *The Girls* und zwei Folgeromane, und zwar vom Verlagshaus Random House.

The Girls orientiert sich tatsächlich an den Ereignissen rund um Charles Manson: In Rückblenden wird die Geschichte eines 14-jährigen Mädchens 1969 in Kalifornien erzählt, Evie, die über ihre neue Freundin Suzanne Mitglied einer Hippiegemeinschaft wird, in dessen Zentrum ein Guru steht. Dieser Guru, Russell, hat nicht nur sexuelle Verwendung für seine zahlreichen Anhängerinnen, er ermuntert sie darüber hinaus zu Einbrüchen, um Nahrungsmittel zu besorgen. Und schreckt sogar vor Mord nicht zurück.

Besonders gut gelungen an Clines Roman ist die Art und Weise, wie sie das Teenagerleben von Evie beschreibt, in dem Zeit eine große Rolle spielt.

Jeden Tag nach der Schule schalteten wir nahtlos in den gewohnten Gang der Nachmittage um. Vergeudeten die Stunden mit irgendeiner geschäftigen Aufgabe: Folgten Vidal

Sassoons Vorschlägen für Smoothies aus rohen Eiern zur Kräftigung der Haare oder stocherten mit der Spitze einer sterilisierten Nähnadel an Mitessern herum. Das permanente Projekt unseres Mädchenselbst schien sonderbare und präzise Aufmerksamkeit zu verlangen.

Als Erwachsene wundere ich mich über die schiere Menge an Zeit, die ich damals vergeudet habe.

Auch wenn Heranwachsenden gerne unterstellt wird, sie würden ihre Zeit mit sinnlosen Aktivitäten verschwenden – genau so tut es Evies älteres Ich ja im Rückblick – Teenager sind wirklich häufig sehr mit für Erwachsene schwer zu ertragenden Aktivitäten beschäftigt, die nicht selten aus Herumhängen, Faulenzen oder Pennen bestehen.

Kurz nachdem Evie dann Suzanne und ihre Clique kennenlernt, taucht sie plötzlich in eine Beschäftigungslosigkeit ein, weil ihre beste Freundin sich von ihr abgewendet hat – auch das geschieht nicht selten in dieser Lebensphase.

Hatte ich mich je so allein gefühlt, den ganzen Tag rumbringen zu müssen, ohne dass es irgendwen interessierte? Fast konnte ich mir meine Bauchschmerzen als Vergnügen vorstellen. Es ging darum, sich zu beschäftigen, sagte ich mir, um ein reibungsloses Verbrauchen von Stunden.

Sie können sich sicher schon denken, was jetzt kommt: Genau. Hier übernehmen die Hippies. Die jede Menge Zeit haben, weil das auch zu ihrer Idee eines »New Age«, eines neuen Zeitalters gehört:

Wir seien dabei, sagte uns Russell, eine neue Art von Ge-

> sellschaft ins Leben zu rufen. Frei von Rassismus, frei von Ausschluss, frei von Hierarchie. Wir stünden im Dienst einer tieferen Liebe.

Diese »neue Art von Gesellschaft« entpuppt sich als ein patriarchales Ausnutzen und Schänden von Schutzbefohlenen – wofür Charles Manson in der zeithistorischen Vorlage von Emma Clines Roman das exakte Vorbild ist.

Warum haben diese jungen Frauen da mitgemacht? Weiße Mädchen aus Mittelschichtsfamilien, die in Vororten aufwachsen, die keinen Rassismus erfahren, deren Eltern weder drogensüchtig sind noch in kleinkriminellen Kollektiven feststecken. Eine ähnliche Geschichte erzählt Jeffrey Eugenides in *Die Selbstmord-Schwestern*. Hier richten die Protagonistinnen die Gewalt am Ende gegen sich selbst: Die fünf Lisbon-Schwestern, die von ihren Eltern – als »Vorsorgemaßnahme« – eingesperrt werden, begehen Selbstmord. Sogar wenn nicht wirklich gesagt wird, warum sie sich dazu entschließen – der Roman listet Beobachtungen von Nachbarn und Schulkameraden auf – scheint es hier eine Verbindung zu geben: Die Aussicht, auf Dauer in einem langweiligen Leben eingesperrt zu sein, kann zu Radikalisierung führen.

Im Falle von Charles Mansons »Family« sind sowohl kollektiver Drogenkonsum und die Auflösung der treuen Paarbeziehung als auch der zeithistorische Kontext mit Rassenunruhen, dem Vietnamkrieg und der ernüchterten Hippiebewegung nach dem »Summer of Love« dafür mitverantwortlich, dass Susan Atkins, Patricia Krenwinkel, Linda Kasabian und Leslie Van Houten 1969 zur bestialischen und sinnlosen Abschlachtung von sieben Menschen bereit waren. Manson plante mit den Morden einen gesamtgesellschaftlichen Aufruhr, einen

Krieg zwischen Weißen und Schwarzen, denen seiner Meinung nach die Morde in die Schuhe geschoben werden würden. Nach gewaltigen Unruhen würde er dann mit seiner Family eine neue Zivilisation gründen, so seine völlig irrsinnige Vorstellung. Sie hätten mehr vom Leben erwartet, erinnert sich Leslie van Houten, sich wie »leere Muscheln« gefühlt, die von Manson mit Inhalt gefüllt wurden. In ihrer lebenslänglichen Haft haben sich die Manson-Anhängerinnen von ihrem ehemaligen Guru abgewendet und zu erklären versucht, was damals vor sich ging.

Nein, die Langeweile eines weißen Teenagerdaseins kann hier nicht als alleiniger Grund angesehen werden. Sie war wohl eher der Nährboden für die Bereitschaft, alle Werte von »Normalität« beiseite zu schieben. Das gibt es auch bei weißen Männern. Und ich meine nicht den Krawall aus Langeweile, die Chaostage oder betrunkene Rowdys, die alles kaputt hauen, weil ihnen sonst nichts einfällt.

Ich lag noch im Krankenhaus, als ich in der *ZEIT* von Richard Spencer las: 39 Jahre alt, Sohn eines Augenarztes aus Dallas, ein Mann, der am Chiemsee Deutsch lernte und an der Bayerischen Staatsoper als Aushilfe jobbte. Ein Fan von Richard Wagners Musiktheater und von Friedrich Nietzsches Idee einer »Herrenmoral« der Starken. Sie ahnen schon, was jetzt kommt: Richard Spencer ist nicht nur Anhänger der ultrarechten weißen Nationalisten, die gerne mal »Sieg Heil!« skandieren, wenn sie öffentlich sprechen, er ist eine ihrer Führungsfiguren. Warum? Nun, der Artikel in der *ZEIT* gibt darauf eine unangenehme Antwort:

Es ist die saturierte Langeweile des Etablierten.

»Auf gewisse Weise ist mein Leben eine Reaktion auf meine Kindheit in Dallas«, hat Spencer einmal gesagt. »In Dallas geht es nur um Geld: Wer hat das größte Haus, das größte Auto, die größten falschen Brüste? Dort hat niemand einen Sinn für echte Größe oder Hochkultur.« Spencer treibt die Sehnsucht nach dem Außergewöhnlichen. Er hat es im Faschismus gefunden.

Es gibt nicht wenige, die aus elitärer Übersättigung in den Büchern von Friedrich Nietzsche Sätze finden, die sie – wie in Spencers Fall – zum Zündstoff einer vermeintlichen Weltverbesserung in ihrem Sinne machen. Nietzsche hat Langeweile als notwendige Phase des kreativen Schöpfens gesehen; in welche Richtung dann geschöpft wird, nun, das ist hier eben die des Abgrunds.

> Langeweile verdarb den Charakter. Sie weckte Sehnsucht nach Skandalen und Katastrophen. Friedliche Menschen verwandelten sich in Schandmäuler, die anderen Böses wünschten, nur damit sie etwas zu besprechen hatten. Im Kampf gegen die Langeweile entschied sich, ob man als Teufel oder als Engel durchs Leben ging.

Juli Zeh bezeichnet in ihrem Roman *Unterleuten* – den ich im Krankenhaus gelesen habe – Langeweile als »wahre Geißel des Menschen«. Wie kommt es, dass ein Mensch, der eigentlich alles hat, seine Privilegiertheit ins Negative wendet? Der Soziologe Alfred Bellebaum beschreibt in seinem Buch über *Langeweile, Überdruss und Lebenssinn* zwei Sorten von Menschen: Da gibt es den, der »vor der peinigenden Langeweile in die Arbeit flieht, weil ihn alles, was nicht Pflichterfüllung ist, langweilt«. Ihm gegenüber steht ein anderer, ein »Dandy«, der »blasierte, durch Überreizung abgestumpfte, nach Genuss schmachtende und genussunfähige Mensch«. Dass das Wort »blasiert« bereits 1990 ziemlich aus der Zeit gefallen war, bestätigt auch Bellebaum und erklärt, es leite sich vom französischen »blaser« ab und bedeute so viel wie »abgestumpft«, »übersättigt«.

Ein verwöhnter, übersättigter Mensch, der gerne sein eigenes Spiegelbild betrachtet und mit seinen kruden Gedanken, die der »Ennui« – »Langeweile« auf Französisch – entspringen, andere ansteckt. Erst kürzlich bin ich Berichten über den historischen Dandy schlechthin, George Bryan »Beau« Brummell (1778–1840), begegnet, einem Freund des späteren King George IV., der sich in der Hauptsache wohl für sich selbst und seine perfekt sitzenden modischen Kleidungsstücke interessierte. Um sich seinem »Dandyism« gemäß anzuziehen, benötigte er täglich vier bis fünf Stunden, heißt es – so viel Zeit investierten doch sonst nur Frauen in der Liga von Kleopatra (Beau Brummell badete wohl nicht wie sie in Eselsmilch, polierte dafür aber angeblich seine Stiefel mit Champagner) in diese Angelegenheit.

Der demagogische Einfluss von Brummell ist überschaubar, der von Richard Spencer dagegen bedrohlich: In einem Interview mit dem *Guardian*-Journalisten Gary Younge sagt Spencer, dass »Afrikaner von der weißen Überlegenheit profitiert hätten« – als Younge nachfragt, ob damit gemeint sei, dass die Sklaverei gut für sie war, lächelt Spencer und sagt, den US-amerikanischen Afrikanern würde es ja schließlich besser gehen als allen anderen Afrikanern auf der Welt. Mit perfekt geschnittenem Haar steht er da, im dreiteiligen Anzug mit farblich auf die Krawatte abgestimmten Einstecktuch und trägt dazu eine teure goldene Uhr aus einer Schweizer Manufaktur. Ein Dandy, dessen Langeweile zu einer Bedrohung geworden ist.

Die Langeweile-Familie (Liste 1.13)

- soll abgeschaltet werden
- aus ihr kann Böses entstehen
- ist ansteckend
- kann Nährboden für Werteverlust und Radikalisierung sein
- wird von Juli Zeh als »Geißel der Menschheit« bezeichnet
- verwandt mit: Dandyism
- verwandt mit: Blasiertheit
- verwandt mit: vor Überreizung abgestumpft sein

Fortsetzung folgt

»Mir ist langweilig!« Diesen Satz hörte James Danckert fortwährend von seinem älteren Bruder Paul. Dieser klagte über Langeweile, seitdem er mit 18 bei einem Autounfall ein Schädel-Hirn-Trauma erlitten hatte. Zuvor war er ein begeisterter Schlagzeuger gewesen, doch sogar nachdem sein gebrochenes Handgelenk geheilt war, machte ihm das Musikmachen keinen Spaß mehr: Alles war langweilig. Einige Jahre später studierte James Danckert Neuropsychologie und arbeitete mit Patienten, die auch an unterschiedlichen Hirntraumata litten. Jeder einzelne von ihnen berichtete, wie sehr er unter Langeweile litt. Danckert fand seine Mission: die Erforschung der Langeweile. Heute lehrt er an der kanadischen University of Waterloo und versucht, eine Verbindung zwischen Langeweile und Selbstkontrolle zu belegen. Spielsucht oder Bulimie, die von Langeweile getriggert werden können, werden häufig mit einem Mangel an Selbstkontrolle beschrieben. Bei Menschen, die an einem Schädel-Hirn-Trauma leiden, ist mangelnde Selbstkontrolle verbreitet: Viele gehen unnötige Risiken ein, sind impulsiv, tendieren zu Alkohol- oder Drogenkonsum. All diese Dinge kennt Danckert von seinem Bruder – doch je älter Paul wurde, desto mehr »erholte« er sich: Sogar zur Musik fand er zurück, sie ist heute neben seinen Kindern das Wichtigste für ihn. Es scheint also möglich zu sein, dass Langeweile und Selbstkontrolle unabhängig voneinander wirken. James Danckert hofft, dass andere Forschende sich für sein Thema begeistern – er findet Langeweile faszinierend.

Nicht selten langweilen wir uns, machen irgendetwas, das vielleicht nicht richtig, gar falsch ist, und ärgern uns hinterher darüber. Zeigen womöglich Reue. Oder empfinden Furcht ob der Konsequenzen unseres von Langeweile geprägten Tuns. Kennen Sie das? Eine meiner Lieblingszeichnerinnen, Roz Chast, – ihre Bilder und Cartoons finden Sie im US-amerikanischen Magazin *The New Yorker* – hat das in der Graphic Novel *Können wir nicht über was Anderes reden?* demonstriert.

Darin beschreibt sie, wie ihre einigermaßen neurotischen Eltern in ihren letzten Lebensjahren zuerst noch in der Familienwohnung in Brooklyn wohnen, dann in ein Pflegeheim ziehen und schließlich sterben, beide im hohen Alter, jenseits der 90. Roz Chast kümmert sich als einziges Kind um ihre Eltern in deren finaler Lebensphase, was ihr schwerfällt: Die Eltern leben nach ziemlich eigenen, strengen Regeln und lehnen Hilfe von außen, die eigene Tochter inbegriffen, ab. Dennoch ist Unterstützung notwendig, etwa dann, als die Mutter in Folge eines Sturzes im Krankenhaus liegt und nach zwei Wochen mit einem Krankenwagen im Rollstuhl sitzend zurück in ihr Apartment in Brooklyn gebracht werden soll. Es gibt allein vorbereitend dafür jede Menge Papierkram zu erledigen: Roz Chast sammelt Informationen: Sozialversicherungsnummern, Telefonnummern von Ärzten, Nachbarinnen, Verwandten, dem Hausmeister des Apartmenthauses in Brooklyn, Ansprechpartnern bei der Krankenkasse, wer wann wo geholfen hat und dafür mit welcher Summe entlohnt wurde, welche Arzneien wann verordnet, wo abgeholt und von wem in welcher Dosierung genommen wurden – raucht Ihnen auch schon der Kopf?

Die Kombination der beiden Gefühle, die sie am meisten verabscheut – Langeweile (*boredom*) und Sorgen (*anxiety*) – beginnt beim Ausfüllen von Formularen: Die Realität holt sie in Form von Bürokratie ein. Etwas, das vielen sehr verhasst ist. Immer wieder dieselben Zahlenkombinationen wie Geburtsdaten, Sozialversicherungsnummern oder Bankverbindungen in neue Zeilen einzutragen ist ermüdend, unangenehm. Man fühlt sich gezwungen, das zu tun, fürchtet die Folgen, wenn es nicht getan wird. Warum gibt's keine Maschine, die das für mich übernimmt, warum sind diese Ämter nicht miteinander vernetzt? All diese Gedanken kennen Sie mit Sicherheit. Etwas, dessen Tragweite aber zugleich sehr groß ist: Was, wenn eine falsche Angabe in einer Zeile zu einer Ablehnung der Kostenübernahme, zu Verzögerungen hinsichtlich der Aufnahme in einem Pflegeheim oder zu anderen Unannehmlichkeiten führt, die für die alten, pflegebedürftigen Eltern einem Todesurteil gleichkommen.

Die Langeweile bei Roz Chast legt sich nicht nur wie ein luftiger Grauschleier über alles, sondern eher wie ein schmieriger Fettstaubfilm (das englische Wort, das Chast dafür verwendet, ist *grime*, den sie in der Wohnung ihrer alt geworde-

Halten Ausschau nach einem, nein fünf Ehemännern: die Bennet-Schwestern und ihre Eltern im Film *Stolz und Vorurteil* (2005)

nen Eltern überall entdeckt als Folge davon, dass dort schon sehr lange nicht mehr richtig sauber gemacht wurde: ein perfektes Lockmittel für die Sorgen, die einmal da, zäh kleben bleiben an der Tochter, die sich um ihre Eltern sorgt.

Die Langeweile, die Chast hier beschreibt, betrachte ich als Folge ihrer Überforderung: Auch als Erwachsene bleibt sie Kind ihrer Eltern und scheut somit naturgemäß die Umkehrung der familiären Hierarchie, sie will eigentlich gar nicht die Verantwortung übernehmen und Entscheidungen fällen, obwohl sie weiß, dass sie es tun muss. Kontrollverlust wird über die lähmende Langeweile ebenso ausgedrückt, die wieder ein Indikator von einem darunter liegenden Gefühl ist: Sie warnt vor etwas, weist hin, dass es Probleme gibt.

Die Langeweile-Familie (Liste 1.14)

- kann zur Basis für fehlgeleitetes Handeln werden
- verwandt mit: Angst
- ist verhasst
- kann ermüdend sein
- entsteht aus dem Zwang, etwas tun zu müssen
- verwandt mit: Sorgen
- verwandt mit: Überforderung
- verwandt mit: Ablehnen der Verantwortung für eine Situation
- Indikator für Probleme

Fortsetzung folgt

Eine solche Indikatorfunktion hat Langeweile auch in den Romanen von Jane Austen. Lesen Sie zur Einstimmung einen kurzen Absatz aus dem Internetangebot youthreporter.eu, hinter dem das EU-Bildungsprogramm Erasmus steht. Eine junge Frau, InaHelena, schreibt hier über ihre Zeit in einem Youth Hostel in der Stadt Bath im Südwesten Englands, wo sie im Rahmen des Programms für ein paar Monate arbeitete. In Bath gibt es ein Jane Austen Memorial Center, wie InaHelena herausgefunden hat:

> Jane Austen, die berühmte Schriftstellerin (Ich glaub, so berühmt ist die bei uns gar nicht), hat in Bath gewohnt und einige Plätze werden in ihren Büchern benannt. Ihr bekanntestes ist *Stolz & Vorurteil.* Das Buch habe ich Viertels gelesen, und dann musste ich es aus lauter Langeweile aus der Hand legen … weiß auch nicht, was die so berühmt macht. Der Film war wiederum total gut!

Kommentare:
Das erste Drittel von *Pride & Prejudice* ging bei mir auch sehr zäh. Hab mich dann aber irgendwie durchgerungen und ab dann wurd's eigentlich nur noch besser.
Eginhard

Menschen, die Jane Austens Bücher und Langeweile in einem Satz nennen, sollte es verboten sein ein, solches Haus zu betreten.
Jane Befford

Da haben wir sie, die ganze Bandbreite der Reaktion auf das Werk von Jane Austen. Ich kann dieses »aus lauter Langeweile aus der Hand legen müssen« mit viel Wohlwollen ein wenig nachvollziehen: In *Stolz und Vorurteil* gibt es tatsächlich zum Teil ziemlich hohle Dialoge, die nur um eines kreisen: das Heiraten.

> »Er ist ganz, wie ein junger Mann sein soll«, sagte sie [gemeint ist Jane Bennet, die mit ihrer Schwester Elizabeth spricht], »aufmerksam, liebenswürdig, munter; und nie habe ich angenehmere harmonischere Umgangsformen gesehen! – so ungezwungen und doch so durch und durch wohlerzogen!«
>
> »Und er sieht gut aus«, entgegnete Elizabeth, »was ein junger Mann, wenn er es irgend einrichten kann, ja auch noch soll. Seine Persönlichkeit wäre damit vollkommen.«

Natürlich steckt etwas hinter dem ganzen seichten Geplaudere, das eben nur vermeintlich seicht ist: Es geht um das Abbild einer Gesellschaftsstruktur, die – aus heutiger wie damaliger

Sicht – ziemlich viel Ungerechtigkeit mit sich bringt. Abhängig davon, welchen Mann ein junges Mädchen heiratet, führt sie ein gutes, nicht so gutes oder gar schlechtes Leben. Ihr sozialer Status wird ausschließlich über Einkommen, Besitz und Reputation ihres Mannes geregelt. Kein Wunder also, dass es in den Köpfen der Bennet-Schwester in *Stolz und Vorurteil* kaum ein anderes Thema gibt als »Wen kriege ich?« Wieder wird Langeweile über große Sorgen gelegt und signalisiert einen Missstand. Dass und wie Jane Austen diese Gesellschaftskritik hinter scheinbar oberflächlichem Geschwätz versteckt, kennzeichnet ihre große Kunst – die von manchen nicht gleich als solche erkannt wird.

Bekenntnis zum Nichtstun

Von einer Bank inmitten des Hamsterrads bis zu Zukünften, in denen wir die Langeweile wieder lieben lernen müssen

»Nichtstun hat mich gerettet.« Das erklärt die Musikerin Judith Holofernes in einem Interview mit der *ZEIT*, erzählt davon auch in anderen Interviews und Talkshows. Immer wieder habe das »Nichtstun« sie aus schwierigen Situationen gerettet, etwa nach der Auflösung ihrer Band Wir sind Helden. Konsequent nichts tun, das kann sie in ihrer Berliner Arbeitswohnung: bis zu vier Stunden pro Tag, nicht lesen, keine Musik hören.

> Die erste halbe Stunde ist okay, dann wird es echt unangenehm, man fühlt ein Ziepen und Ziehen überall am Körper. Dann kommen die ersten Impulse, etwas zu machen, etwas aufzuschreiben zum Beispiel, weil man doch gerade so einen tollen Gedanken hatte. Wenn man dem nicht nachgibt, stößt man auf Gold. Am Ende dieser Sessions war ich beseelt, selbst das Lichtspiel der Bäume an der Wand konnte mich entzücken.

Auch wenn Judith Holofernes mit ihrer Band und als Solomusikerin ziemlich erfolgreich ist, beschreibt sie nicht das tolle

In seinem Buch *Daily Rituals* beschreibt Mason Currey, wie »great minds« aus den letzten vierhundert Jahren – Mozart, Beethoven, Hemingway, Miró, de Beauvoir und viele andere – ihren Alltag strukturiert haben, um Zeit und Inspiration für ihre Kunst zu finden. Viele dieser Menschen haben auf Routinen gesetzt, begannen das Tagwerk in beharrlichem Gleichklang: Mozart ließ um sechs Uhr morgens sein Haar richten, bis sieben war er angezogen. Er komponierte bis neun. Dann gab er Unterricht. Nach dem Mittagessen besuchte er Bekannte, ab 17, 18 Uhr komponierte er weiter oder gab Konzerte. Gegen 21 Uhr ging er zu seiner späteren Frau Constanze, ab halb elf, elf ging er wieder an seine Kompositionen, bis 1 Uhr. Dagegen saß Patricia Highsmith auf ihrem Bett, umgeben von Zigaretten, Aschenbechern, Streichhölzern, einer Tasse Kaffee, einem Doughnut und einer Untertasse mit Zucker, später kam noch eine Flasche Wodka dazu – um in einer Art Embryonalhaltung ihre Energie erst mal zu reduzieren vor dem eigentlichen Schreiben, da die Ideen sonst zu sehr aus ihr heraussprudelten. Umberto Eco pflegte das Ritual, auf jedes Ritual zu verzichten. Ein Zeitplan war nichts für ihn, manchmal begann er um sieben Uhr mit dem Schreiben und hörte erst um drei Uhr in der Nacht damit auf, unterbrochen von kurzen Mahlzeiten, manchmal schrieb er überhaupt nichts. Eco konnte, wenn er wollte, überall produktiv sein, an seinen Büchern auch in den kurzen Zwischenräumen zwischen Terminen gedanklich arbeiten: beim Warten auf einen Gast, auf der Toilette, im Zug oder beim Schwimmen im Meer, dort sogar besser als in der Badewanne.

künstlerische Schaffen, dass nach dem Nichtstun, dem Stillstand, der Langeweile kommen konnte. Anders als Nietzsche oder Goethe, die sich ja als Künstler, Denker, Autoren zu ihrem durchaus elitären Zugang zur Langeweile bekennen, diese als notwendiges Übel für Kreativität bezeichnen, scheint Holofernes mit ihr vielmehr zu sich selbst gefunden haben. Eine kleine Kur sozusagen.

Im Krankenhaus hatte ich mir nicht vorgenommen, konsequent nichts zu tun. Mein Nichtstun entsprang meiner Situation, im Bett liegend, relativ schmerzfrei, den Tagesablauf durch Infusionen und Mahlzeiten strukturiert.

Ich wurde an einem Freitag aus dem Krankenhaus entlassen und saß am Montag drauf schon wieder an meinem Schreibtisch – ich musste zurück in mein Hamsterrad klettern. Das ich seitdem aber mit anderen Augen sehe: Es gibt viele Geschichten und Berichte darüber, was passiert, wenn das Hamsterrad stillsteht, meistens haben sie mit Ausstieg, Veränderung, Sabbatical, dem Ende einer Beziehung, dem Hinschmeißen eines Jobs oder schwerer Krankheit zu tun. Ich aber habe eine andere Möglichkeit entdeckt, nämlich die, das Hamsterrad einfach mal ohne mich drehen zu lassen. Die Füße hochnehmen auf einer Bank, die mitten im Hamsterrad befestigt ist. So etwas wie ein Stillstand mitten in der beschleunigten Umgebung.

John Lennon hat darüber in seinem Lied »Watching the Wheels« gesungen, hat richtiggehend trotzig denjenigen eine Antwort gegeben, die meinten, er würde seine Kreativität mit der Betreuung seines Sohns Sean verschwenden:

> I'm just sitting here watching the wheels go round and round (dt.: Ich sitze einfach nur hier und sehe, wie die Räder sich immer wieder drehen).

Auf die Frage, »Don't you miss the big time, boy?« (dt.: »Vermisst du nicht die große Show, Junge?«), hat er sogar noch eins draufgelegt:

> I really love to watch them roll (dt.: Ich sehe wirklich gerne, wie sie sich drehen).

Es ist tragisch, dass John Lennon noch vor der Veröffentlichung dieses Songs und seiner Rückkehr ins Rampenlicht am 8. Dezember 1980 erschossen wurde, ausgerechnet von einem selbst erklärten »Niemand«, einem Mann, der berühmt werden, seiner eigenen Lebenslangweiligkeit durch eine »ruhmsüchtige Tat« entkommen wollte. Auch deshalb ist es tragisch, weil Lennon der Langeweile, dem Nichtstun, dem tiefen Durchatmen, dem Mit-hochgezogenen-Beinen-Sitzen-auf-einer-Bank-inmitten-des-Hamsterrads eine Hymne gewidmet hat. Wer auf dieser Bank sitzt, lässt sich von der Langeweile zudecken, von ihrem Grauschleier.

Klammer auf:
Ich erinnere mich, mit einem Orchester eine Sinfonie von Anton Bruckner gespielt zu haben. Im letzten Satz hatte jemand auf meine Noten – ich spiele Kontrabass, die Noten waren von einem anderen Orchester zur Verfügung gestellt worden – an den Rand »noch 5 Minuten« notiert. Die Kontrabässe hatten keine Pause, mussten spielen, und zwar ziemlich viele Noten in hoher Geschwindigkeit. Warum stand da diese Zeitangabe? Um durchzuhalten, trotz der anspruchsvollen Sinfonie? Um noch einmal alles an Konzentration herauszuholen? Oder um einer aufkommenden Langeweile, entstanden aus Überforderung angesichts dieses für Laien kaum spielbaren Finales,

etwas entgegenzusetzen? »Es sind noch fünf Minuten. Du hast es selbst in der Hand, was du damit machst.« So habe ich die Anweisung verstanden.

Klammer zu.

Dass wir unaufhörlich weiter müssen, dass wir uns in unserer Gesellschaft nicht aufhalten lassen können, das erleben nicht nur Sie und ich, das wissen zudem Menschen aus der Philosophie, der Kunst, der Politik und der Forschung. Es gibt viele Beobachtungen und Untersuchungen zu diesem Thema, die Auswege anbieten, um dem immer stärker beschleunigten Zeitstrahl zu entkommen, einige haben Sie in diesem Buch kennengelernt, zum Beispiel Hartmut Rosas Wunsch nach Entschleunigung und Resonanz oder eben Judith Holofernes' selbst verordnetes Nichtstun.

Und das mit gutem Grund: Glauben wir den Prognosen des »Millennium Project«, einer internationalen NGO, die verschiedene Szenarien zum Beispiel zur Zukunft der Arbeit erstellt, dann ist mit einer sehr veränderten Welt von morgen zu rechnen, und zwar aufgrund von Arbeitsplatzmangel durch Automatisierung. Roboter, Algorithmen und Bots haben schon heute längst Aufgaben übernommen, die früher von Menschen erledigt wurden. Es ist davon auszugehen, dass sich diese Entwicklung weiter fortsetzt. Und was dann – schon wenn wir einfach nur abwarten, landen wir im Verderben, im Chaos, im Bürgerkrieg, so die möglichen »Zukünfte«, die mir die Zukunftsforscherin Cornelia Daheim vom »Millennium Project« beschrieben hat. Sie ist davon überzeugt, dass der Wegfall der Arbeit durch Bildungsoffensiven und Umverteilungsmechanismen wie einer Robotersteuer oder einem Grundeinkommen weniger schlimm ausfallen würde.

Was aber wird dann aus der Würde des einzelnen Menschen, wenn gesellschaftliche Anerkennung nicht mehr über die Erwerbstätigkeit kommt? Wird also der Lastwagenfahrer, dessen Job von einem Roboter mit Navigationskenntnissen übernommen wird, nicht trotzdem depressiv, auch wenn er gut von einem Grundeinkommen leben kann? Mit Sicherheit wird er jede Menge Langeweile verspüren – und die zerstörerische Kraft, die aus der Langeweile entspringen kann, haben wir bereits kennengelernt.

Die Langeweile-Familie (Liste 1.15)

- verwandt mit: Nichtstun als Selbstfindungszweck
- existiert auch im Hamsterrad
- von John Lennon besungen in »Watching the Wheels«
- kommt auf unsere Gesellschaft zu im Rahmen der Digitalisierung
- kann mit Achtsamkeitsübungen entdeckt werden

Es gibt jede Menge Vorübungen für diese veränderte Welt von morgen, die in Teilen ja schon unseren Alltag prägt. All die Achtsamkeits-Magazine, die seit einiger Zeit angeboten werden, *Moment by Moment*, *Flow* – für Frauen – oder *Wolf* – für Männer – heißen sie und kommen mit Meditationstipps und Bastelideen aus ungebleichtem Packpapier daher. »Aufmerksamkeit« für den Moment sollen die Leserinnen und Leser zeigen.

Achtsamkeits-Seminare, in denen es um ein Gleichgewicht zwischen Körper und Seele geht, das häufig mit Yogaübungen hergestellt werden soll, werden heute von vielen Krankenkassen subventioniert; regelmäßige Meditation ist an manchen Orten sogar im Buchhaltungssystem SAP anrechenbar. Jonas Geißler, der Zeitcoach, hat mir berichtet, dass auch er einen guten Ratschlag aus einem solchen Seminar mitgenommen hat: »allein duschen«. Wer morgens unter der Dusche an Kollegen, Vorgesetzte und To-do-Listen denkt, steht auf einmal mit 20 Leuten – gedanklich – unter der Dusche.

Als ich das erste Mal nach elf Tagen im Krankenhaus zu Hause unter der Dusche stand, war das sehr angenehm. Vor allem, weil ich dort für ein paar Minuten ganz allein war.

Lektüretipps

Acedia – Trägheit und Langeweile. Hrsg. vom Kulturzentrum Sinsteden. 2016.

Assmann, Aleida: Ist die Zeit aus den Fugen? Aufstieg und Fall des Zeitregimes der Moderne. München 2013.

Bellebaum, Alfred: Langeweile, Überdruss und Lebenssinn. Eine geistesgeschichtliche und kultursoziologische Untersuchung. Opladen 1990.

Breuninger, Renate / Gregor Schiemann (Hrsg.): Langeweile. Ein philosophisches Lesebuch. Frankfurt 2015.

Currey, Mason: Daily rituals. How Great Minds Make Time, Find Inspiration, and Get to Work. London 2013.

Rosa, Hartmut: Beschleunigung und Entfremdung. Berlin 2013.